社会保険・労働保険
事務手続の基礎の基礎

フローチャートでよくわかる！

特定社会保険労務士
五十嵐 芳樹

　我が国の経済・社会環境は変化が激しく競争も厳しい現在、企業が存続発展するには激変する環境変化に対応し将来を見据えた事業展開が不可欠です。そのためには適切な経営のもと採用した優秀な従業員が、自発的に行動し能力を高め発揮しながら働けるかどうかにかかっています。

　優秀な人材を採用したいのはどの企業でも同じですが、現在は若年層を中心に人手不足が顕著になり求める人材を期待どおりに採用できない企業も多く、特に中小企業ではかなり困難となっています。高齢となった従業員の退職が続く企業では長年引き継がれてきた技術や知識、人脈などを継承するべき若い人材の採用難が企業の存続発展に支障を及ぼす事態にもなっています。

　このような状況の中、求職者は応募しようとする企業についてその規模や名声だけでなく就業環境にも注意を払うようになり、労働法令の順守意識、教育指導体制、パワハラ防止、社会保険など安心信頼して働ける就業環境も応募条件として重視しています。

　そのため優秀な人材を採用するには、企業の特長や将来性、仕事内容を具体的に明示することで求める人材にアピールし、応募者には詳しい企業情報や仕事内容及び入社後の労働条件、就労環境等をきちんと説明し理解を得ることが不可欠となっています。

　優秀な人ほど賃金額だけでなく労働時間や休日、福利厚生など他の労働条件や労働法令を順守した経営にも敏感なため、労務管理担当者は面接時の説明だけではなく採用後も労働法令に対する理解と社会・労働保険の手続など適切な労務管理を避けて通ることはできません。

　ところで大きな社会問題となった長時間の違法残業などに対応して労働法令の規制や監督体制も強化傾向にあります。併せて働く人はもちろんのこと国民全体が企業の労働法令の順守や就業環境に対する意識を高める中、労働契約を原因とした個別労働紛争の発生も増加しており、将来にわたり適切な企業経営を実現するには個々の企業の労務管理体制も時代に合わせて変わらなければなりません。

　また、社会保険や雇用保険の制度は社会の変化に応じて何度も改正された結果、一つの出来事に対して複数の手続が連続し相互に関連し合うとても複雑な制度となっていま

す。例えば従業員の出産を例にすると、産前産後休業期間の社会保険料の免除申出、出産手当金と出産育児一時金の申請、出生した子の被扶養者認定、引き続く育児休業期間では社会保険料免除の申出と雇用保険の育児休業給付金の申請、育児休業終了時の標準報酬月額の改定、さらには養育期間標準報酬月額特例申出と出産から育児休業終了まで関連するいくつもの手続を企業はもれなく適切に行うことが求められます。これらの手続が一つでも漏れてしまうと被保険者が多大な不利益を被ってしまうのです。

　規制を強める労働法令や行政に対応しながら、より複雑となっている社会保険、雇用保険の制度に精通し相互に関連し合う複雑な手続をもれなく適切に行うにはどうしても専任の担当者が必要となりますが、専任担当者を置けない中小企業が適切に対応できなければ就業環境の悪化となり、結果的に優秀な人材の採用難や離職につながります。

　そこで本書は、人事労務担当者、特に中小企業の事業主や労務担当者の方々が、従業員の募集採用から離職に至るまでの制度と手続など基本的な内容を理解していただくことを目的に、項目ごとに要点、書式、手続窓口などを簡潔に分かりやすくまとめました。

　取り上げている項目は、ハローワークでの求人ポイント、労働条件の内容と労働契約の締結、有期労働契約、個別労働紛争の解決、採用から退職までの社会保険・雇用保険の適用と保険給付の手続など多岐にわたります。

　さらに日常的に発生する結婚や子の出産、産休・育休、転居、毎月の給与や賞与の保険料控除、保険証の再交付など事象ごとに関連する諸手続についても時系列で手順を分かりやすく示し、また、理解しやすいよう図解でも示してもいます。

　そのため本書では項目ごとにまとめた内容をその順番に沿ってお読みいただければ制度の内容、必要な届書、添付書類、手続窓口などが理解できるようになっています。

　なお、本書は専門的な知識や理解が必ずしも十分でない方々を対象に、なるべく分かりやすいように簡潔・簡単に説明しております。また、手続は都道府県ごとの行政窓口や健康保険組合などで異なる場合もあるため、本書を読んだ際に疑問点が生じた場合や実際の手続を行う場合は、管轄官庁等の窓口にお問い合わせいただくなど、必ず内容をご確認いただくようお願い致します。手前みそながら拙著の「社会保険・労働保険の事務手続」もご参考になると思います。

　本書が皆様方のお役にたち、事業の存続発展に少しでも寄与できれば幸いです。

平成30年1月

特定社会保険労務士
五十嵐　芳樹

CONTENTS

目次

はじめに

第1章 ▶ 募集・採用・労働契約

1　ハローワークでの求人・事業所登録 …………………………………………… 2
2　ハローワークでの職種ごとの求人 ……………………………………………… 4
3　労働契約を結ぶ際の大事な注意点 ……………………………………………… 6
4　有期労働契約を結ぶ際の大事な注意点 ………………………………………… 8
5　有期労働契約から無期労働契約への転換 ……………………………………… 10
6　個別労働紛争の解決 ……………………………………………………………… 12
●書式1：労働条件通知書（有期雇用型）　14

第2章 ▶ 社会保険と雇用保険の入職・退職の手続

7　社会保険の適用事業所と被保険者 ……………………………………………… 16
8　社会保険　被保険者資格取得届の手続 ………………………………………… 18
9　健康保険　被扶養者の認定手続と確認書類 …………………………………… 20
10　雇用保険　被保険者と資格取得手続 …………………………………………… 22
11　退職理由ごとの退職手続 ………………………………………………………… 24
12　有期労働契約を終了させる場合の注意点 ……………………………………… 26
13　解雇の手続 ………………………………………………………………………… 28
14　社会保険・雇用保険の資格喪失手続 …………………………………………… 30
15　離職証明書の記載方法 …………………………………………………………… 32
●書式2：解雇理由証明書　34

CONTENTS

第3章 ▶ 各種変更・被扶養者異動・結婚・離婚・出産・育児の関連手続

16	事業所の名称や所在地などの変更	36
17	住所変更、氏名変更、生年月日訂正の手続	38
18	健康保険の被扶養者異動手続	40
19	健康保険証・年金手帳・雇用保険証の再交付	42
20	結婚・離婚時の手続	44
21	出産・育児の関連手続	46

●書式3：健康保険被扶養者（異動）届（被扶養者に関する変更・訂正）　48

第4章 ▶ 健康保険の保険給付

22	療養給付	50
23	現金で医療費を支払った場合の手続	52
24	高額療養費	54
25	埋葬料（費）・家族埋葬料	56
26	傷病手当金の支給要件	58
27	傷病手当金の申請手続	60
28	出産育児一時金	62
29	出産手当金	64
30	出産手当金の申請手続	66
31	負傷原因届、第三者行為による傷病	68

●書式4：健康保険 負傷原因届　70

第5章 ▶ 標準報酬月額の定時決定・随時改定・産休・育児休業終了時の改定

32	標準報酬月額の定時決定（算定基礎届）	72
33	標準報酬月額定時決定の特例・年間平均	74
34	標準報酬月額の随時改定（月額変更届）	76
35	産前産後休業終了時の改定	78
36	育児休業終了時の改定	80

●図表1：報酬に該当するもの、該当しないもの　82
●図表2：標準報酬月額の随時改定（等級が上限・下限の場合）　82
●図表3：育児休業終了時の標準報酬月額の改定　82

第6章 ▶ 保険料の控除・控除終了・免除

37	社会保険料の控除	84
38	賞与の保険料	86
39	産前産後休業期間の社会保険料の免除	88
40	育児休業期間・法118条の社会保険料の免除	90
41	社会保険料の控除終了	92
42	雇用保険料	94

- ●図表4：賞与の社会保険料　96
- ●図表5：産前産後休業期間の社会保険料免除の申出　96
- ●図表6：育児休業期間の社会保険料免除の申出　96

第7章 ▶ 老齢・障害・遺族年金

43	国民年金の加入と老齢基礎年金	98
44	老齢厚生年金	100
45	障害年金	102
46	遺族年金	104

- ●図表7：国民年金・厚生年金の被保険者と受給する年金　106
- ●図表8：特別支給の老齢厚生年金の支給開始年齢　106

第8章 ▶ 雇用保険・労災保険の給付

47	基本手当	108
48	再就職手当金・就業促進定着手当・常用就職支度手当	110
49	高年齢雇用継続給付金・高年齢再就職給付金	112
50	育児休業給付金	114
51	介護休業給付金	116
52	教育訓練給付金	118
53	療養補償給付（療養給付）	120
54	休業補償給付（休業給付）・傷病補償年金（傷病年金）	122

- ●図表9：基本手当受給の流れ　124
- ●図表10：賃金日額の計算方法　124
- ●図表11：基本手当の受給期間　124

＊1　本書は平成 29 年 12 月 1 日現在の法律に基づいて作成されています。
＊2　各都道府県の労働局は「労働局」、労働基準監督署は「労基署」と記載しています。
＊3　公的年金の保険者である日本年金機構は「年金機構」と、年金機構の出先窓口は「年金事務所」と記載しています。なお、日本年金機構が推奨している健康保険・厚生年金の適用関連の届書等の郵送での提出先は、各都道府県の事務センターや広域事務センターを「事務センター」と記載しています。ただし、適用関連の届書等は事業所管轄の年金事務所でも受け付けています。
＊4　年金給付の請求書や届書等の提出先は「年金事務所」と記載しています。
＊5　健康保険の保険給付関連等の申請書等の提出先である全国健康保険協会の各都道府県支部は「協会けんぽ」と記載しています。各健康保険組合については「健保組合」と記載しており、詳しい制度及び届書や添付書類については事前に健保組合に確認してください。
＊6　雇用保険関連の各届書の提出先である管轄の公共職業安定所は「ハローワーク」と記載しています。
＊7　申請書や届書の本人印は自筆署名することで省略できます。また、事業主印は事業主が自筆署名することで省略できます。

第1章

▶募集・採用・労働契約

1 ハローワークでの求人・事業所登録	2
2 ハローワークでの職種ごとの求人	4
3 労働契約を結ぶ際の大事な注意点	6
4 有期労働契約を結ぶ際の大事な注意点	8
5 有期労働契約から無期労働契約への転換	10
6 個別労働紛争の解決	12
書式1: 労働条件通知書（有期雇用型）	14

1 ハローワークでの求人・事業所登録

求める人材を採用するには事業内容、経営方針、教育訓練など、事業所の特長をわかりやすく記載して、求職者が応募したくなるようアピールしましょう。

▶ ハローワークでの求人申込手続

手続の流れ	…登録シートで事業所登録 ➡ 求人申込書記入 ➡ 情報公開 ➡ 紹介連絡 ➡ 面接選考 ➡ 採否決定 ➡ 応募者とハローワークへ通知 ➡ 充足後求人取消
事業所登録	…事業所の登録には事業所登録シートと事業所地図登録シートを用いる
情報収集	…募集職種の求人・求職者数、賃金水準等の情報をハローワークで収集する
有効期間	…求人有効期限は申込日の翌々月末日。継続する場合は電話等で更新連絡する
助成金の条件	…ハローワークの紹介がないと受給できない雇用関係助成金がある
インターネット	…求人情報は全国のハローワークとインターネットでも公開可能となる

▶ 事業の内容と特長を明示する

所在地図	…路線名、駅名と出口、目印の建物や交差点名など、わかりやすく記載する
事業内容	…どんな製品・商品・サービスをどこで誰を相手に営業しているか記載する
会社特長	…特許や製品、技術、サービス、取引先の特徴、業界地位などを記載する
経営状況	…業歴や経営方針、業績は安定的か拡大中か、新規開業かなどを記載する
人事方針	…重視するのは経験か年功か能力か実績成果か、意欲か、自発的行動か、採用は代替補充か業務拡大か等を記載する
教育訓練	…指導体制や教育訓練・資格取得補助など成長支援制度があれば記載する

▶ 福利厚生その他の特長を明示する

福利厚生	…加入保険、退職金や退職金共済加入の有無、福利厚生など記載する
定年再雇用	…定年退職年齢、継続雇用制度の有無と雇用形態、更新上限年齢を記載する
法定休暇	…育児休業や介護休業、子の看護休暇などの取得実績を記載する

募集・採用・労働契約 ◀ 第1章

事業所の特長の確認と記載例

①経営方針	事例＝顧客第一・顧客支援・社会地域貢献など	
②取扱品等	事例＝製品・食品・建設建築・運送・サービス内容など	
③事業の特長	事例＝独自開発・すばやい対応・高い技術力など	
④得意先の特長	事例＝優良顧客・上場企業・官公庁・紹介顧客など	
⑤人事方針	事例＝能力実績・年齢経験・高い意欲・自発的行動など	
⑥募集理由	事例＝業務拡大・新分野進出・安定成長・代替補充など	
事業所の特長の書き方	書き方➡当社は、①の方針のもと②を③をモットーに④に営業展開しています。また、⑤を重視し⑥のため共に働く仲間を募集します。	

事業所登録のワンポイント　求職者は数多くの求人票を端末画面をスクロールしながら見ますので、パッと目を引く事業所の特長がなければ、手を止めじっくりと見てくれません。求職者の重視する特長をいかにアピールするかが、成功する人材採用のための最初のポイントです。

2 ハローワークでの職種ごとの求人

ハローワークの端末やインターネット上で求人票が求職者の目に止まるには、わかりやすい仕事内容と水準を下回らない労働条件の明示が重要です。

▶ 募集する職種と必要な経験や資格を記載

- **職種内容** …募集する職種名とその具体的な仕事内容をわかりやすく記載する
- **雇用形態** …正社員か有期契約社員かアルバイトかパートかを記載する
- **経験資格** …募集する人に必要な経験年数や資格、免許や学歴を具体的に記載する

▶ 求職者が応募しやすいよう条件を記載

- **賃金形態** …完全月給制＝欠勤しても欠勤控除はせず、毎月全額を支給する
  日給月給制＝基本給や諸手当は月給制だが、欠勤や遅刻の欠勤控除はする
- **賃金水準** …他より下回らないことが原則。他より下回る場合は、会社の特長、仕事内容、労働時間や休日、少ない残業、転勤なし、福利厚生など、他の労働条件で補う
- **賃金額** …下限額は初心者や経験の浅い人、上限額は経験豊富で即戦力を想定し記載する
- **能力重視** …実力・能力重視なら昇給や手当、賞与など能力成果を反映するよう記載する
- **安定成長** …残業や新規開拓・営業ノルマがないならそれを強調し興味を示すよう記載する
- **変形労働時間** …法定労働時間を超える場合は1か月単位など変形労働時間を検討・採用する
- **休日休暇** …所定休日や年末年始・夏期休日、有給休暇やその他の休暇を記載する
- **希望労働時間** …希望に応じ労働日や労働時間を調整できれば、家事や育児など家庭との両立希望者が応募してくる可能性が高いので、実行可能か検討しておく
- **超過労働** …1か月の残業、休日労働、深夜労働があれば記載する。稼ぎたい人は割増賃金を重視するが、若い人や女性などは残業や休日労働を避ける場合もある

▶ その他の労働条件も記載する

- **教育訓練** …若い人が重視する教育訓練や資格取得支援など、具体的な教育・成長支援制度を記載する
- **年齢制限** …原則禁止だが、定年退職やキャリア形成、技能継承などでは年齢制限が可能
- **加入保険** …労災保険、雇用保険、健康保険、厚生年金の加入の制度および条件を明示
- **退職金** …正社員は退職金や企業年金を重視する。中小企業退職金共済加入や確定拠出年金も求職者には有効な条件明示となる

募集・採用・労働契約 ◀第1章

仕事の内容の記載例

| ①主たる仕事 | 何をどうする仕事なのか、実際の状況をイメージできるようわかりやすく記載する。複数あればすべて具体的に記載する | CHECK!! |

| ②扱う機械器具 | パソコンやソフト、工作機械など、仕事で扱う機械器具は何か | CHECK!! |

| ③自動車等 | 運転する乗り物があればどんな種類でどのように使用するか | CHECK!! |

| ④勤務・営業地域 | 社内か、所在地域か、隣接県か、地方県か、全国か | CHECK!! |

| ⑤関連業務 | 主たる仕事以外にも行う業務や他業務への異動があれば記載する | CHECK!! |

| 仕事の内容の記載例 | 書き方 ➡ ①の仕事を②や③を使用し、主に④で行います。また⑤の仕事もあります。 | CHECK!! |

求人内容記載のワンポイント

事業所の特長や仕事内容、労働条件をわかりやすく明示しないと、求める人材に合わない人が応募してくる可能性があります。面接時に双方のミスマッチが解消されないと、事業所は採用した人材を期待した能力と適性がないと思い込み、被採用者は事前に聞いていた話と違うと考えてしまいます。これでは双方に不満が生じるだけでなく、結局、離職に至ればそれまでの時間と労力、支払った賃金が無駄になるだけでなく、ハローワークなどの行政に苦情を申し出ることもあり注意が必要です。

3 労働契約を結ぶ際の大事な注意点

提示された条件と違う、聞いていない、などの採用後の労働紛争防止のため、労働条件は書面で交付し明示してください。

▶ 労働条件の提示と労働契約の締結

- **労働条件提示** …書面で明示しなければならい労働条件は労基法で定められている。後日の労働紛争を防ぐため使用者は労働契約締結の際に労働条件を明示する（14頁参照）
- **労働契約** …労働者と使用者は、労働契約を遵守し信義に従い、誠実に権利を行使して義務を履行し、お互い労働契約の権利を濫用してはならない
- **安全配慮** …使用者は労働者が生命、身体等の安全を確保して労働できるよう配慮する

▶ 労働条件と就業規則の意義

- **就業規則** …使用者が合理的に作成し周知する就業規則があれば、就業規則が労働契約の内容となり、詳細な労働契約の内容はそれをもって明示できる
- **異なる条件** …就業規則と異なる労働条件は就業規則未満のものを除き労使の合意による
- **就業規則未満** …就業規則の規定未満の労働条件は無効となり就業規則の規定に引き上がる
- **労働条件変更** …労働条件は労働者と使用者の合意で変更できるが、変更内容が就業規則の規定未満の場合は、それに合わせて就業規則の規定を変更する必要がある
- **就業規則変更** …就業規則は合意がなければ労働者にとって不利益変更はできないが、次の要件を満たせば同意がなくとも使用者は不利益変更が可能な場合がある
  ① 労働者の受ける不利益と変更の必要性が合理的
  ② 労働者との変更の交渉状況が合理的
  ③ 変更後の就業規則を周知する
- **別の就業規則** …正規・非正規労働者がいても就業規則が1つならばその就業規則が適用されるため、各々の労働条件が異なるならそれに応じた就業規則の作成が必要

▶ 就業規則の作成と周知義務

- **作成義務** …常時使用労働者10人以上（臨時含む）の事業所に就業規則の作成義務がある
- **作成内容** …労働時間、休日、賃金、退職、解雇など規定内容は法で定められている
- **周知義務** …労働者代表の意見を聴き、労基署に届け出て事業場内に常時周知する

募集・採用・労働契約　第1章

労働条件の提示と説明の手順

労働条件の書面明示

労働条件は労働契約書など書面等で明示する（14頁書式1参照）
- すべての労働者に書面で明示しなければならない労働条件
  ①労働契約期間、②就業場所と業務内容、③始業終業時刻・残業の有無、休憩時間、休日、休暇、交代制、④賃金の決定・計算・支払方法、締切り、支払時期、⑤退職に関する事項（解雇の事由も含む）
- すべての労働者に定めがあれば明示（口頭も可）しなければならない労働条件
  ①昇給、②退職手当の対象者と決定、計算支払方法と時期、③賞与、④食費・作業用品負担額、⑤安全衛生事項、⑥職業訓練事項、⑦災害補償、私傷病扶助、⑧表彰制裁、⑨休職に関する事項
- パートタイマーに文書の交付 (FAX・Eメール) でさらに明示しなければならない特定事項の労働条件
  ①契約期間中の昇給の有無、②退職手当の有無、③賞与の有無、④労働者からの苦情相談窓口

詳細な労働条件は就業規則で明示

詳細な労働条件は労働契約書にも記載しきれないため、適正に作成し、周知する就業規則で明示する

就業規則と異なる個別労働契約

- 就業規則を上回る労働条件は労使の合意で決まる
- 就業規則を下回る労働条件は就業規則の定めに引き上げられる

労働条件は合意があれば変更可能

労働条件は合意で変更できるが、就業規則を下回る合意は無効のため、就業規則の変更が必要

就業規則の労働者不利益変更

合意がなくとも合理的な変更内容で合理的に交渉し周知すれば、使用者は変更可能な場合がある

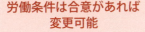

労働条件は、採用後の実際の内容を明示してください。実際と異なる内容を明示しても採用後に気づくと、採用者には事業所や使用者に対する不信感が芽生え、仕事に対する意欲も失せることになります。その結果、離職に至るとそれまで事業所と採用者が費やした時間と労力が無駄になるだけでなく、労基署やハローワークに訴え出ることもあります。そうなると事業所は信頼を失い残った従業員の士気にも悪影響を及ぼす可能性があります。

4 有期労働契約を結ぶ際の大事な注意点

業務内容や責任の重さ、異動が正社員と同じ有期労働契約社員について、賃金など労働条件を正社員より低下させるのは無効となるおそれがあります。

▶ 無期労働契約と有期労働契約の違い

- **無期労働契約** …契約期間がなく契約期間満了になる退職がないため、自己都合退職など退職事由に該当した場合や定年退職、あるいは解雇するまで雇用する労働契約を無期労働契約という
- **有期労働契約** …いつからいつまでと契約期間が定められた労働契約を有期労働契約という
- **契約期間の上限** …有期労働契約の契約期間の上限は、次の場合を除いて原則3年となる
  - ● 高度で専門的な知識や技術、経験を有する労働者の上限は5年
  - ● 満60歳以上の労働者の上限は5年
  - ● 有期の建設工事など、事業完了に必要な期間を定める場合はその期間

▶ 有期労働契約の注意点

- **契約更新** …有期労働契約では、次のいずれかの契約期間満了時の対応を書面で明示する
  「自動的に更新する」「更新する場合がある」「契約更新はしない」
- **更新基準** …契約更新があるときは、次のような判断基準を書面で明示する（14頁参照）
  「担当業務の量」「担当業務の進捗状況」「事業の経営状況」
  「労働者の勤務成績や態度」「労働者の能力や健康状態」

▶ 有期契約労働者の労働条件

- **不合理な労働条件** …無期労働契約と有期労働契約の労働条件の相違が「業務内容と責任程度」「異動や配置変更の範囲」「労使慣行等」から不合理と判断されると有期労働契約の労働条件は無効となり、その労働条件は無期労働契約の労働条件と同じになる
- **比較労働条件** …比較する労働条件とは、賃金や労働時間だけでなく災害補償、服務規律、教育訓練、福利厚生など一切の労働条件をいい、特に通勤手当、食堂利用、安全管理の相違は特段の事情がない限り合理的でないと判断される
- **損害賠償** …無効の労働条件が故意過失と判断されると損害賠償請求のおそれがあるため、無期労働契約と有期労働契約の労働条件の相違には根拠が重要

募集・採用・労働契約 ◀ 第1章

有期労働契約の注意事項

項目	内容	
有期労働契約の締結	労働条件と契約期間、契約期間満了時の対応を書面で明示（14頁書式1参照）	CHECK!! ✓
契約満了時の対応方法	●自動更新する　●更新することがある　●契約更新しない	CHECK!! ✓
契約更新がある場合	更新の判断基準を書面で明示	CHECK!! ✓
契約満了時の対応	契約更新の基準を基に適正に判断しないと雇止めが無効となる可能性あり	CHECK!! ✓
有期労働契約の労働条件が無期と異なる	無期契約労働者と異なる有期契約労働者の労働条件には根拠・理由が必要	CHECK!! ✓
理由がなければ無効	異なる労働条件に合理的理由がなければ、無期労働契約と同一の労働条件となる可能性がある	CHECK!! ✓

有期労働契約のワンポイント

無期労働契約の従業員の残業代やそれに相当する役職手当を除いた所定内賃金額の時間単価が、有期労働契約の時間単価とあまり差がないケースがよくあります。職種によっては無期労働契約とほぼ同額か逆に有期労働契約のほうが高いケースもあるようです。無期労働契約では各種手当や賞与、退職金などが有期労働契約よりも優遇されていると思いますが、優遇の度合いによっては無期労働契約の従業員は労働時間が長く責任も重いが「何も報われない」と感じて意欲を失う可能性もあります。双方の従業員がいる場合はそれぞれの時間単価が仕事内容と責任度合に見合っているか確認してみてください。

5 有期労働契約から無期労働契約への転換

平成25年4月以降に反復更新し通算5年を超えた有期労働契約では、労働者が無期労働契約への転換を申し込むことができます。

▶ 無期転換申込権の要件と効果

- **転換制度** …通算5年を超え繰り返し更新された同一使用者との有期労働契約期間中に、労働者が申し込むことにより有期労働契約が無期労働契約へ転換する
- **転換効果** …使用者は転換申込を承諾したとみなされ、無期労働契約が成立する。5年を超えた更新後に申し込まなくとも、次の更新後の契約期間中でも申し込める
- **通算方法** …転換申込の条件である5年の通算契約期間は次の方法で計算する
    - ●同一事業主の事業場なら勤務先を移動しても契約期間を通算する
    - ●派遣や請負契約を偽装して事業主を他に変更しても通算される
    - ●途中に育児休業等の休業期間があってもその契約期間は通算される
- **クーリング** …有期労働契約と有期労働契約の間に一定の空白期間があれば、前の有期労働契約期間はクーリングとなり通算されずリセットされる

▶ 無期転換申込権の特例

- **高度専門職者** …5年を超えるプロジェクト完了まで（上限10年）に、一定の高度専門職者には無期転換申込権は発生しない
- **定年後継続雇用** …定年退職後に継続雇用される有期契約労働者は、事業主が第2種計画について認定を受けると、無期転換申込権は発生しない

▶ 無期労働契約へ転換後の労働条件

- **転換後の労働条件** …無期転換は契約期間のみの変更となり他の労働条件は同じため、労働の日や時間を日により変えていた場合は転換後も同じ条件の労働契約にできる
- **労働条件の変更** …無期転換後の労働条件は就業規則や労働契約で変更できるが、職務が同じなのに賃金など他の条件だけを低下させるのは望ましくない

▶ 有期労働契約と無期労働契約の解雇

- **不合理な労働条件** …申込で転換前に成立した無期労働契約を終了するには解雇するしかないが、解雇は「合理的な理由があり社会通念上相当」でなければならず、労働合意した有期労働契約期間中の解雇はさらに重い「やむを得ない事由」が必要となる
- **転換後の解雇** …無期転換後の労働条件が正社員と異なる場合は、転換後の解雇基準である合理的な理由も正社員と異なりその労働条件に応じた基準もありうる

募集・採用・労働契約 ◀ 第1章

有期労働契約から無期労働契約への転換

● 無期転換の申込期間（契約期間が1年の場合）

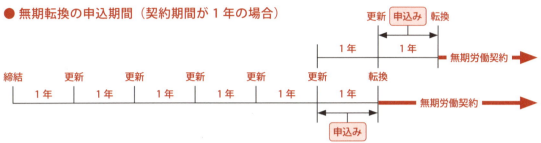

● 更新期間の計算方法

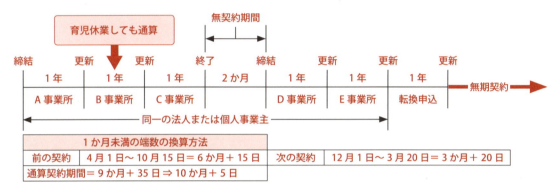

1か月未満の端数の換算方法				
前の契約	4月1日～10月15日＝6か月＋15日	次の契約	12月1日～3月20日＝3か月＋20日
通算契約期間＝9か月＋35日 ⇒ 10か月＋5日				

● 無期転換申込権の特例

●5年超の完了予定業務に就く一定の高度専門的知識等を有する有期契約雇用労働者（年収1,075万円以上）

　特例適用を受けるには、第1種計画認定申請書を本社管轄労働局へ提出し認定を受ける

●定年退職後に有期労働契約で継続雇用される高齢者

　特例適用を受けるには、事業主が第2種計画認定申請書を本社管轄労働局へ提出し認定を受ける

無期契約転換のワンポイント

空白期間前の有期労働契約が通算されないクーリング期間（右の表）を活用するには、いったん有期労働契約を終了する必要があります。終了するには契約前に「更新はしない」「更新回数の上限」を定めるか、または定めた更新基準を判断し基準に達しないと合意して有期労働契約を終了させる必要があります。

通算対象の有期労働契約	空白期間
2か月以下	1か月以上
2か月超～4か月以下	2か月以上
4か月超～6か月以下	3か月以上
6か月超～8か月以下	4か月以上
8か月超～10か月以下	5か月以上
10か月超	6か月以上

6 個別労働紛争の解決

使用者と労働者個人との個別労働紛争は、支援制度の利用で自主的な解決を目指し、解決できなければ最終的には裁判で解決します。

▶ 労働契約法による個別労働紛争の自主的解決

- **個別労働紛争** …労働者と使用者の合意による個別労働契約や法令上の紛争をいう
- **労働紛争の解決** …労使の合意で成立した個別労働契約上の紛争は自主的交渉で解決する
- **紛争解決の支援** …① 総合労働相談コーナー＝各労働局で情報提供や相談を受ける
  ② 労働局長の助言指導＝双方の相談・助言・あっせんで解決を促す
  ③ 労働局の紛争調整委員会＝第三者が双方の主張にあっせん案を提示

▶ 個別労働紛争の簡易裁判所での解決

- **裁判所の解決** …労使が自主的に解決できない労働紛争は簡易裁判所で解決を目指す
- **民事調停** …調停委員会が双方との話合いを通じて解決を目指し、解決案を示すこともある
- **少額裁判** …支払60万円以下の訴訟で原則1回の審理で直ちに判決を出す
- **訴訟** …支払140万円以下の訴訟で主張と証拠をもとに判決を出し和解も目指す

▶ 個別労働紛争の地方裁判所での解決

- **労働審判** …労働審判委員会が主張や証拠をもとに原則3回以内の審理で柔軟な解決案を提示し、調停も試みる。異議申立により裁判に移行する
- **訴訟** …支払140万円を超える訴訟をいい、法廷で双方の主張と証拠をもとに判決で解決する。合意による和解もできる

▶ 労働基準法と労働基準監督官の役割

- **労働基準法** …労働条件の最低基準を定め労使の意思を問わず適用される強行法規
- **労働基準監督官** …労働基準法を履行させる労働基準監督官は次の権限を持つ
  ① 事業場の臨検、帳簿や書類の提出要求、使用者や労働者の尋問
  ② 司法警察官としての逮捕、差押え、捜索など強硬捜査、書類送検
- **労働者の申告** …申告に対し労働基準監督官は使用者や労働者へ尋問や臨検を行い、法令違反には行政指導として是正勧告し、法令違反がなければ関与しない

募集・採用・労働契約 ◀ 第 1 章

個別労働紛争の自主的な解決

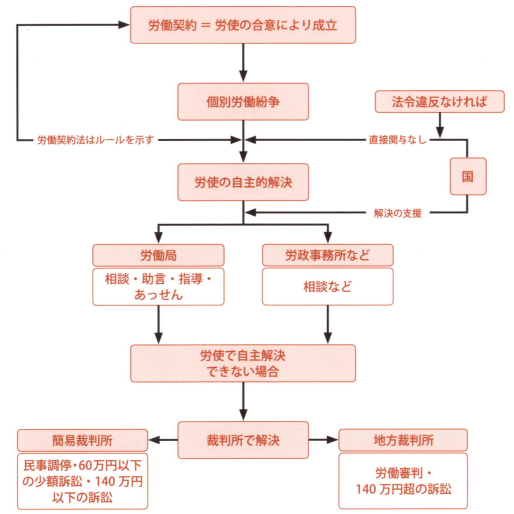

 個別労働紛争解決のワンポイント　労働基準監督官は、労働基準法などの法令違反があれば是正勧告などの行政指導を行いますが、法令違反以外の解雇理由無効や人事評定結果、金銭支払請求など民事上の争いには関与しません。労働契約法は、使用者と労働者の合意による労働契約の民事上のルールを定めたものですので、労働契約法上の労働紛争には労働基準監督官は関与せず当事者同士が自主的に解決を目指し、解決できなければ最終的には裁判で解決します。

●書式1：労働条件通知書（有期雇用型）

○○年4月1日

練馬　太郎　殿

事業場名称・所在地　東京都渋谷区神南1－○－15
株式会社　さんさん○○商会
使用者職氏名　代表取締役　文京　正三

契約期間	契約期間の定め＝有り　（○○年4月1日～○○年3月31日） 1　契約の更新の有無＝更新する場合があり得る 2　契約の更新は次により判断する。 　・契約期間満了時の業務量　・勤務成績、態度　・能力　・心身の健康状態・担当業務の遂行能力　・会社の経営状況　・従事している業務の進捗状況 【有期雇用特別措置法による特例の対象者の場合】 無期転換申込権が発生しない期間：　Ⅰ（高度専門）・Ⅱ（定年後の高齢者） 　　Ⅰ　特定有期業務の開始から完了までの期間（　　年　　か月（上限10年）） ○Ⅱ　定年後引き続いて雇用されている期間
就業の場所	東京都渋谷区神南　1－○－15　○○ビル1.2階
従事すべき業務の内容	商品の搬入、陳列、レジ打ち、清掃、倉庫管理など店舗運営とその関連業務 【有期雇用特別措置法による特例の対象者（高度専門）の場合】 ・特定有期業務（　　　　　　　開始日：　　　　完了日：　　　）
始業、終業の時刻、休憩時間、所定時間外労働の有無に関する事項	1　始業・終業の時刻等 　　早番＝始業（　9時　30分）　終業（　18時　30分） 　　遅番＝始業（　10時　30分）　終業（　19時　30分） 2　休憩時間（60）分 3　所定時間外労働の有無（　有　1か月15時間　）　4　深夜労働はなし ○詳細は、就業規則第28条～第31条
休　　日	・非定例日；週当たり　2日（事前に勤務シフトで特定する　） ○詳細は、就業規則第32条～第33条
休　　暇	1　年次有給休暇　6か月継続勤務した場合→　　10日 　　　　　　継続勤務6か月以内の年次有給休暇（無）、時間単位年休（無） 2　代替休暇（無）3　その他の休暇　有給（特別休暇）無給（産休、育・介護休暇等） ○詳細は、就業規則第37条～第40条
賃　　金	1．基本賃金　時間給（1,200円）、2．通勤手当1,4378　円／計算方法：1か月の定期代 3．割増賃金率　イ　法定超　月60時間以内（25）％　月60時間超（50）％ 　　　　　　　　ロ　休日　法定休日（35）％、法定外休日（25）％ 4．賃金締切日－毎月15日、5．賃金支払日－当月25日、6．賃金の支払（指定口座振込） 7．労使協定に基づく賃金支払時の控除は無し、8．昇給は無し 9．賞与（有6月と12月事前に指定する　支給額は経営成績と本人の勤務評価で決定する） 10．退職金は無し
退職に関する事項	1　定年退職制度＝60歳誕生日直後の賃金締切日に定年退職となる 2　自己都合退職の手続（退職する1か月以上前に届け出て必要な引継ぎをすること） 3　解雇の事由及び手続 ○詳細は、就業規則第51条～第55条
その他	・社会保険の加入状況＝厚生年金　健康保険　雇用保険　労災保険 ・労働契約法第18条により、有期労働契約（平成25年4月1日以降に開始）の契約期間が通算5年を超える場合には、労働契約期間の末日までに労働者から申込むことにより、当該労働契約期間の末日の翌日から期間の定めのない労働契約に転換されます。ただし、有期雇用特別措置法による特例の対象となる場合は、無期転換申込権は発生しません。

第2章

▶社会保険と雇用保険の入職・退職の手続

7	社会保険の適用事業所と被保険者	16
8	社会保険　被保険者資格取得届の手続	18
9	健康保険　被扶養者の認定手続と確認書類	20
10	雇用保険　被保険者と資格取得手続	22
11	退職理由ごとの退職手続	24
12	有期労働契約を終了させる場合の注意点	26
13	解雇の手続	28
14	社会保険・雇用保険の資格喪失手続	30
15	離職証明書の記載方法	32
書式2：	解雇理由証明書	34

7 社会保険の適用事業所と被保険者

社会保険の適用事業所で常時使用される人は、被保険者となります。所定勤務時間の短い人は、要件に該当する場合に被保険者となります

▶ 社会保険の適用事業所

- **社会保険**…社会保険とは、健康保険と厚生年金保険を総称した制度のことをいう
- **適用事業所**…法人は役員や従業員数を問わず強制適用事業所となる。法人には株式会社・財団法人・医療法人・社会福祉法人・協同組合・宗教法人等がある
- **個人事業**…常時5人以上使用する法定16業種の個人事業は強制適用事業所となる
- **任意適用事業所**…4人以下使用の16業種の個人事業等は認可を受け任意適用事業所となる

▶ 社会保険に加入する被保険者

- **被保険者**…適用事業所に常勤で使用される人は、事業主、役員、従業員、労働者の区分とその意思を問わず全員が社会保険に加入し被保険者となる
- **短時間就労者**…1日又は1週間の所定労働時間、1か月の所定労働日数が一般従業員の4分の3以上ならば被保険者となり、4分の3未満の場合は被保険者とならない
- **短時間労働者**…被保険者数501人(任意特定適用事業所は500人以下)の事業所で適用基準をすべて満たす短時間労働者は被保険者となる
- **適用除外者**…適用事業所に常勤で使用されても次の適用除外者は社会保険に加入しない
  - ①日々雇用される人 ➡ 1か月を超えた日から加入する
  - ②臨時に2か月以内の期間使用される人 ➡ 期間を超えた日から加入
  - ③季節的業務に4か月以内の期間使用される人 ➡ 期間を超えた日から加入
  - ④臨時的業務に6か月以内の期間使用される人 ➡ 期間を超えた日から加入
  - ⑤国民健康保険組合の事業所で使用される人は健康保険の被保険者とならない

▶ 年齢で健康保険または厚生年金に加入しない人

- **70歳以上の人**…70歳以上の人は厚生年金の被保険者資格を喪失し健康保険に加入する
- **75歳以上の人**…75歳以上の人は健康保険の資格を喪失し後期高齢者医療保険に加入する

社会保険と雇用保険の入職・退職の手続 ◀第2章

社会保険適用事業所の要件

| 強制適用事業所 | ●国・地方公共団体の事業所、法人（常時1人以上使用）事業所
●常時5人以上使用する法定16業種の個人事業 |

| 任意適用事業所 | ●常時4人以下使用する法定16業種の個人事業
●人数を問わず農林水産・飲食・理容等・サービス自由業の個人事業 |

| 任意特定適用事業所 | ●被保険者数500人以下で短時間労働者が社会保険の加入に労使合意した適用事業所 |

社会保険加入基準

| 被保険者 | 事業主、常勤の役員と従業員は、その意思を問わずすべて社会保険に加入する |

| 短時間就労者 | 短時間就労者（パートタイマー）の加入基準は1日の所定労働時間、1か月の所定労働日数が一般従業員の4分の3以上であること
　　所定労働時間＝1日8時間×3/4＝1日6時間
　　　　　　　　　1日7時間×3/4＝5時間15分
　　所定労働日数＝1か月20日×3/4＝15日、1か月22日×3/4＝17日 |

| 短時間労働者 | 被保険者数501人以上(500人以下で短時間労働者の加入に労使合意した任意特定適用事業所)の短時間労働者の加入基準は次のすべてを満たすこと
　①所定労働時間週20時間以上　②月収8.8万円（年収106）万円以上
　③継続勤務1年以上の見込あり　④学生でない(夜間・定時制の学生除く)こと |

8 社会保険 被保険者資格取得届の手続

新規採用者が社会保険の被保険者となるには、採用日を資格取得日として被保険者資格取得届を提出しなければなりません。

▶ 社会保険資格取得届

- **資格取得届**…採用後5日以内に資格取得届等を事務センターや健保組合に提出する
- **資格取得日**…資格取得日は試用期間の有無を問わず適用事業所に使用された日となる
- **年金手帳を確認**…年金手帳で氏名、生年月日、基礎年金番号を確認し記入する
- **年金手帳なし**…基礎年金番号が確認できない場合は図の本人確認書類で本人確認を行う
- **年金手帳再交付**…20歳以上で年金手帳の紛失者は職歴書と年金手帳再交付申請書を添付する
- **基礎年金番号**…20歳未満の人や外国人には新規の基礎年金番号の年金手帳を交付する
- **現住所確認**…住民票を預かり住所確認する。住民票の住所と郵便物の届く現住所が異なる場合は、住所欄に現住所を記入し備考欄に住民票上の住所を記入する
- **70歳以上被用者**…70歳以上の資格取得者は「70歳以上被用者該当届・不該当届」を提出する

▶ 標準報酬月額

- **標準報酬月額**…資格取得時の標準報酬月額は図の方法で算出し資格取得届に記入する。これにより保険料額及び健康保険と年金の保険給付額が決定される
- **毎月一定額の報酬**…基本給や資格手当、住宅手当、通勤手当など一定額のものは合計する
- **毎月変動する報酬**…残業手当など毎月変動する報酬は、同様の業務で同様の報酬を受ける人の報酬額をもとに図の方法で算定しすべての報酬額を合計する

▶ 標準報酬月額の適用期間

- **資格取得時標準報酬月額**…標準報酬月額は、資格取得日が1月から5月の場合はその年の8月まで、資格取得日が6月から12月の場合は翌年の8月まで適用される

▶ 外国人の資格取得

- **就労可能の確認**…在留カードで本人、在留資格、就労可能者であることを確認する
- **基礎年金番号**…年金手帳で確認する。年金手帳未交付なら年金手帳を新たに交付する
- **ローマ字氏名届**…外国人の資格取得届はカナ氏名で記入し、ローマ字氏名届も添付する

社会保険と雇用保険の入職・退職の手続 ◀第2章

新規採用者の手続の流れ

必要種類を預かる	年金手帳、住民票記載事項証明書、雇用保険被保険者証、個人番号、扶養家族の所得証明書、在学証明書など要件確認書類を預かる
社会保険の資格取得手続	健康保険・厚生年金被保険者資格取得届を事務センターへ提出する。被扶養者がある場合は被扶養者家族(異動)届を添付する
外国人の資格取得手続	在留カード、年金手帳で在留資格、国籍、氏名、基礎年金番号確認、年金手帳がなければ新たに交付する。ローマ字氏名届を添付

年金手帳がない場合の本人確認

本人確認書類	年金手帳のない人の本人確認は次のいずれかの書類等で行う 〇運転免許証　〇顔写真付個人番号カード　〇パスポート(旅券) 〇顔写真付自治体発行の証明書など
本人確認不能	本人確認書類で本人確認ができない場合は、被保険者資格取得届は返戻される
外国人の本人確認	パスポート、在留カードで在留資格、就労可否、国籍、氏名、生年月日を確認。厚生年金新規加入者の年金手帳は新規交付される

資格取得時の標準報酬月額の決定

毎月変動する報酬	毎月変動する報酬は次の方法で標準報酬月額を算定する ①月や週など一定期間で定まる報酬 　その期間の総日数で除した額を30倍した額 ②日、時間、出来高または請負により報酬が定められている場合 　資格取得月の前1か月間に同様の業務に従事し、かつ同様の報酬を受ける者が受けた報酬額の平均額 ③前①または②の方法では報酬の算定が困難である場合 　資格取得月の前1か月間にその地方で同様の業務に従事し、かつ同様の報酬を受ける者が受けた報酬の額 ④前①から③の複数に該当する報酬を受ける場合 　①から③により算定した額を合算した額　　　　　　(82頁図表1参照)

9 健康保険 被扶養者の認定手続と確認書類

年収130万円未満の3親等以内の親族は被扶養者になれますが確認書類が必要です。所得税の扶養親族は添付を省略できます。

▶ 健康保険の被扶養者の範囲と要件

- **被扶養者の範囲** …75歳未満で3親等以内の親族。養子縁組の法定血族や姻族を含む
- **生計維持関係** …
  - 年収が被保険者の半分以下で130万円未満。半分以上は総合的に判断
  - 60歳以上の人と障害者の年収は180万円未満
  - 年収とは認定日以降の見込で、傷病手当金や公的年金、失業給付を含む
  - 雇用保険の失業給付は日額3,612円（60歳以降5,000円）未満
  - 自営業者の収入は事業遂行のための必要経費を控除した額で判断する
- **同一世帯** …配偶者の父母・祖父母、孫、伯父伯母、甥姪などは同一世帯も必要要件
- **被扶養者（異動）届** …被扶養者の認定や削除には「健康保険被扶養者（異動）届」を用いる

▶ 特殊な被扶養者と確認書類

- **夫婦共稼ぎ** …共稼夫婦の子は年収の多い方の被扶養者となる。認定後に年収が逆転したら、多い方が給与明細などで年収額を証明し改めて被扶養者認定手続を行う
- **親族確認** …内妻、連子、伯父伯母、甥姪など異なる苗字の人は続柄確認の戸籍謄本と、同一世帯が要件なら住民票（世帯全員続柄記載）を添付する
- **収入証明書** …（非）課税証明書、所得証明書、年金支給額通知書、税務申告書など。所得税の控除対象配偶者や扶養親族は事業主の証明によりこれらの書類の添付を省略できるが、60日以上遡及する認定では確認書類の添付が必要
- **失業給付受給** …基本手当の日額を確認するため雇用保険受給資格者証のコピーを添付
- **年金受給** …（非）課税証明書、遺族・障害年金は年金証書や年金額改定通知書のコピー
- **傷病手当金受給** …傷病手当金や出産手当金の受給者は、それらの支給決定通知書のコピー
- **仕送額** …被扶養者の仕送額確認は、振込依頼書、現金書留、通帳のコピーなど
- **施設入所者** …病院や老人保健施設などの一時的な別居は同一生計とみなす

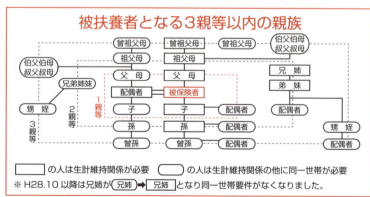

被扶養者となる3親等以内の親族

□ の人は生計維持関係が必要　□ の人は生計維持関係の他に同一世帯が必要
※ H28.10以降は兄姉が（兄姉）→（兄姉）となり同一世帯要件がなくなりました。

社会保険と雇用保険の入職・退職の手続 ◀ 第2章

被扶養者の認定

続柄年齢確認	被扶養者の続柄と生年月日、氏名と読み仮名、性別を確認	CHECK!! ✓
収入基準確認	●60歳未満は年収130万円（月収108,334円）未満を確認 ●60歳以上や障害者は180万円（月収150,000円）未満を確認	CHECK!! ✓
義務教育以下	●義務教育以下の子や孫は収入証明の添付が不要 ●健保組合はその都度確認する	CHECK!! ✓
生徒学生確認	●全日制の高校生以上は学年記載すれば収入証明の添付が不要 ●健保組合はその都度確認する	CHECK!! ✓
退職日確認	退職証明書、資格喪失証明書、離職票など退職日がわかる書類	CHECK!! ✓
その他の人	●課税(非)課税証明書、所得証明書、年金支給額通知書など必要 ●所得税の扶養親族は、収入の証明書類の添付を省略できる	CHECK!! ✓

添付書類のワンポイント

年齢ごとの年収額が次の所得税扶養親族の基準額に該当する人は、事業主が確認しその旨を記載すれば、事務センターでの健康保険の被扶養者認定の際の収入証明書は原則添付不要となります。

年齢	扶養親族の年収	添付書類
60歳未満の人	0～103万円以下	収入証明不要
	103万円超～130万円未満	被扶養者だが収入証明必要
	130万円以上	被扶養者とならない
60歳～65歳の公的年金収入の人	0～108万円以下	収入証明不要
	108万円超～180万円未満	被扶養者だが収入証明必要
	180万円以上	被扶養者とならない
65歳以上の公的年金の収入の人	0～158万円以下	収入証明不要
	158万円超～180万円未満	被扶養者だが収入証明必要
	180万円以上	被扶養者とならない

10 雇用保険 被保険者と資格取得手続

雇用保険の資格取得手続を怠ると、離職時の失業給付を受給できなくなるため、被保険者を雇用した場合は必ず手続してください。

▶ 雇用保険の被保険者

- **被保険者** … 次に該当する労働者は適用除外者を除いて全員が雇用保険の被保険者となる
  ①週所定労働時間20時間以上　②継続31日以上の雇用見込み
- **法人役員** … 法人役員は被保険者とならないが、代表役員以外の業務執行権のない役員で、労働者の身分をあわせ持ち役員報酬より多い額の賃金が支払われる場合は、「兼務役員雇用実態証明書」の手続により被保険者となれる
- **一般被保険者** … 高年齢継続・短期雇用・日雇労働被保険者以外の雇用保険の被保険者
- **高年齢被保険者** … 65歳以上の雇用保険被保険者
- **短期雇用特例被保険者** … 季節的に4か月を超える期間で雇用される被保険者
- **在宅勤務者** … 事業場勤務者と同一の就業規則等が適用され次に該当すると被保険者となる
  ①指揮監督系統が明確なこと　②拘束時間等が明確なこと　③各日の始業終業時刻などの勤務時間管理が可能なこと　④報酬が勤務時間又は時間を基礎としていること　⑤請負・委任的でないこと（就業規則等の提出必要）

▶ 外国人就労者

- **外国人** … 日本に在住し合法的に就労する外国人は国籍を問わず被保険者となる
- **在留カード** … 国籍や住所、在留期間、合法的就労の可否は在留カードで確認できる
- **技能実習生** … 技能習得活動を行う外国人技能実習生は受入れ先事業所で被保険者となる

▶ 資格取得届の記載と届出

- **資格取得届** … 被保険者を雇用した事業主は翌月10日までに「雇用保険被保険者資格取得届」と被保険者証（なければ職歴書）をハローワークに届け出て資格取得する
- **マイナンバー** … 個人番号および本人の身元確認を行い個人番号を記入する
- **資格取得日** … 資格取得日は試用期間などにかかわらず実際の採用年月日を記載する
- **賃金月額** … 賃金月額は超過勤務手当を除く毎月定額で支払われる額を記入する
- **外国人** … 外国人は在留カードを確認し⑰〜㉒欄に国籍や在留資格・期間等を記載する
- **2年前の資格取得** … 資格取得日の遡及は確認日の2年前の日が限度だが、次のすべてに該当すれば2年前の最も古い保険料控除日に資格を取得できる
  - ●事業主が資格取得届を届出ていない事実を知らなかった人
  - ●2年前の日より賃金から保険料が控除されていること
- **添付書類** … 原則不要だが翌月10日の届出期限後の届出には賃金台帳、出勤簿、労働者名簿を添付し、2年前に遡及の場合はさらに次の書類を添付する
  - ●雇用保険料控除が確認できる賃金台帳や源泉徴収簿など　●職歴書など

社会保険と雇用保険の入職・退職の手続 ◀ 第2章

雇用保険の資格取得手続の流れ

被保険者の確認

新規採用者が、次の雇用保険被保険者の適用除外となるか確認する
① 週の所定労働時間が20時間未満の者（日雇労働被保険者除く）
② 継続31日以上の雇用が見込まれない者（日雇労働被保険者除く）
③ 季節的に雇用される者で次のいずれにも該当しない者
　● 4か月以内の雇用者
　● 週所定労働時間が20時間以上30時間未満の者
④ 学校・専修学校・各種学校の昼間の学生や生徒で次の者以外の者
　● 卒業後引き続き雇用予定者　● 休学中の者　● 通信制及び定時制課程者

CHECK!!

被保険者証

雇用保険被保険者証を預かる。ない場合は履歴書や職歴書を預かる

CHECK!!

資格取得届

翌月10日の提出期限までに雇用保険資格取得届をハローワークに提出。
提出期限後の届け出の場合は出勤簿、賃金台帳、労働者名簿も添付

CHECK!!

マイナンバー

被保険者の個人番号（マイナンバー）と本人身元を確認し資格取得届に記入する。個人番号通知カードの添付は不要

CHECK!!

外国人

資格取得届の氏名はカタカナで記入しローマ字氏名は⑰欄に記入する
⑱国籍・地域、⑲在留資格、⑳在留期間、㉑資格外活動許可の有無は在留カードを確認し記入する

CHECK!!

雇用保険資格のワンポイント

必要な雇用保険資格取得手続を行わないと、被保険者が離職時に失業給付を受けられなくなるだけでなく、採用時の再就職手当など雇用促進給付や在職中の高年齢雇用継続給付、育児・介護休業給付や教育訓練給付も受給できなくなります。また、雇用関連の助成金が適用される場合でも事業主はその助成金を受けられなくなりますので、採用した人が雇用保険被保険者に該当する場合は忘れずに資格取得手続を行ってください。

11 退職理由ごとの退職手続

辞職や合意退職では、トラブル防止のため必ず退職届などを預かってください。
勧奨退職は、雇用保険の失業給付では解雇と同じ扱いです。

▶ 無期労働契約での辞職

- **辞　職**　…辞職の申出とは、労働者の自由意思による一方的な退職の申出をいう
- **辞職日**　…辞職申出後は事業主と業務引継内容や退職日を決める。就業規則があれば規定された辞職申出期限をもとに決める。その期限前でも合意で辞職できる
- **民法の規定**　…無期労働契約の労働者はいつでも解約申出ができ、就業規則の規定にかかわらず解約申入日から2週間経過時に労働契約は終了すると考えられる
- **退職届**　…必ず退職日、退職理由、日付を記し署名捺印した退職届を受け取る
- **退職願**　…労働者の合意解約の申入れを退職願といい使用者が承諾して合意解約する

▶ 有期労働契約での辞職

- **労務提供義務**　…有期労働契約労働者には契約期間中の労務提供義務がある。やむを得ない事由で解約可能だが、労働者に過失があれば使用者の損害賠償請求もありうる
- **1年超の契約**　…1年を超す有期労働契約の労働者は1年経過後に申し出ていつでも退職できる

▶ 合意退職

- **合意退職**　…契約期間を問わず労働者と使用者の自由合意による退職
- **勧奨退職**　…使用者が労働者に退職を勧奨し労働者がそれを承諾した退職
- **依願退職**　…労働者が使用者に合意解約退職を願い出て使用者がそれを承諾した退職

▶ 定年退職と雇用継続制度

- **定年退職**　…定年退職制度では就業規則等で定めた定年退職の日付で労働契約は終了する
- **継続雇用**　…使用者には65歳まで希望者全員の継続雇用義務があるが、就業規則等の退職事由や解雇事由に該当する労働者は、継続雇用しなくともよい
- **労働条件**　…継続雇用後の労働条件は、新たな職務や労働時間などに応じて使用者が提示した内容に労働者が合意して契約する
- **継続雇用未導入**　…65歳未満定年で継続雇用制度がないための退職は事業主都合の退職となる

社会保険と雇用保険の入職・退職の手続 ◀第2章

退職手続の流れ

● 無期労働契約

| 退職申出 | ●辞職申出は労働者による一方的な解約申出である
●辞職申出後は、話し合いで業務引継内容や退職日を決める | CHECK!! ✓ |

| 民法規定 | ●民法規定では、労働者の解約申出から2週間で労働契約が終了する | CHECK!! ✓ |

| 合意解約 | ●労働者の合意解約の申入れを退職願といい使用者が承諾して合意・解約となる
●使用者の承諾前なら退職願を撤回できると考えられる | CHECK!! ✓ |

| 勧奨退職 | ●使用者の退職勧奨を労働者が承諾した退職は勧奨退職となる | CHECK!! ✓ |

| 退職届（願） | 辞職や依願退職では必ず辞表・退職届・退職願のいずれかを受領する | CHECK!! ✓ |

● 有期労働契約

| 退職申出 | ●労働者には労働契約期間内の労働提供義務があることを伝える
●やむを得ない事由があれば業務の事情を考慮し退職日を決める | CHECK!! ✓ |

| 損害賠償 | 退職事由が労働者の過失なら使用者が損害賠償責任を問う可能性がある | CHECK!! ✓ |

> **辞表・退職届のワンポイント**
> 退職申出があった場合は、労働紛争防止や離職票の離職理由の確認のため、事前に必ず退職理由、退職日、日付、署名捺印した退職届などを預ってください。勧奨退職の退職理由は「事業所の退職勧奨に応じて〇年〇月〇日に退職します」となります。

12 有期労働契約を終了させる場合の注意点

有期労働契約の雇止めに関するトラブルが増えています。契約更新は仕事量や能力などを定めた更新基準を基に適確に判断してください。

▶ 有期労働契約の終了と雇止めの無効

- **雇止め** …使用者の契約更新の拒否を「雇止め」といい、次の有期労働契約は労働者が使用者に契約期間満了日まで、または満了後遅滞なく契約更新を申し込めば使用者の雇止めは無効となる
  - ①反復更新された有期労働契約で雇止めが無期労働契約の解雇と社会通念上同視できる
  - ②労働者が有期労働契約は更新されると期待する合理的な理由がある
- **更新申込** …労働者の更新申込は明確でなくても「雇止めは嫌だ」「困る」でもよい
- **同一労働契約** …雇止めが無効となれば使用者は同一条件で更新申込を承諾したことになる

▶ 雇止め・契約更新の注意点

- **有効な雇止め** …有期労働契約について将来雇止めの可能性があれば次の事項に留意する
  「業務は正社員と異なる対象範囲や責任程度あるいは臨時的有期的なものとする」「更新手続を形式的にしない」「更新を期待させる言動をしない」「契約当初から契約更新を前提に話すなど更新を期待させない」
- **雇止め予告** …次の有期労働契約の雇止めは契約満了日の30日前までに予告する
  「3回以上更新した有期労働契約」「1年超の契約期間の有期労働契約」「1年以下の有期労働契約が反復更新し継続1年を超えた有期労働契約」
- **雇止め理由** …雇止予告後に労働者の請求に交付する証明書の主な雇止めの理由は次のもの
  「前回更新時に更新なしと合意した」「担当業務の中止・終了」「事業縮小」「当初から定めた更新回数の上限に至ったため」「職務遂行能力の不足」「職務命令違反」「欠勤や勤務不良」など
- **更新手続なし** …有期労働契約期間の満了後、更新手続をせずに従来と同様に労働者が労働を継続した場合は無期労働契約が成立するため、形式的でなく更新基準を判断した適正な更新手続を行うように注意する

社会保険と雇用保険の入職・退職の手続 ◀第2章

有期労働契約の注意点

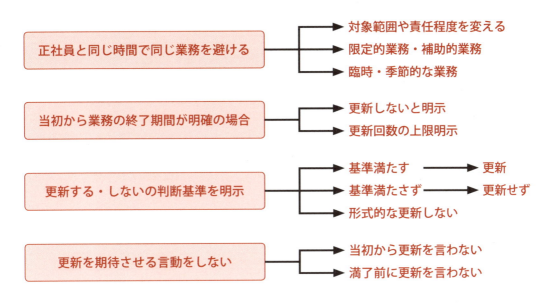

有期労働契約のワンポイント

ここ数年の景気状況はとても不安定であり、受注が増えて「これから上向くかな」と思ったらたちまち減少するなど、特に中小企業では先の見通しがつきにくいようです。受注増が数か月間も続くと今後も良くなるだろうと予想して、有期労働契約の従業員に次の契約更新をつい口にしてしまうこともあるかもしれません。それを聞いた従業員は安心して更新後の賃金を前提に生活設計を立ててしまいますので、突然の雇止めは予定が狂い困惑することになります。安心させたい気持ちはわかるのですが、先が読めない場合の安易な言葉は混乱のもとです。

13 解雇の手続

解雇には合理的な理由が必要です。勤務不良を指導しても改善せずやむなく解雇する場合は、理由と指導歴を明示し解雇制限を守ってください。

▶ 解雇が有効となる要件

- **解雇の通告**…使用者からの一方的な労働契約解約の通告を「解雇」という。使用者からの解約申入れに労働者が自由意志により同意すれば合意退職となる
- **無効な解雇**…客観的に合理的な理由を欠き、社会通念上相当でない解雇はその権利を濫用したものとして無効となる
- **立証責任**…解雇理由は使用者に明示義務があるため、労働者に原因があれば理由を確認できる言動・注意・指導・懲戒処分の事実を明確にする必要がある
- **解雇理由の請求**…労働者は解雇予告日から退職日までの間に解雇理由の証明書を請求できる（34頁書式2参照）

▶ 解雇禁止事由

- **解雇禁止**…解雇は、業務上の傷病による休業期間及び産前産後の休業期間とその後30日間は禁止される（例外あり）
- **解雇禁止事由**…解雇禁止期間の他に、解雇できない解雇禁止事由がある

▶ 解雇制限

- **解雇予告**…● 解雇するには、30日以上前に予告しなければならない
  ● 即時解雇するには平均賃金30日分以上の解雇予告手当の支払義務がある
  ● 30日以上前の予告日数は、平均賃金の支払日数分だけ短縮できる
- **解雇予告除外**…天災事変による事業継続不可能や労働者の責めなど、労基署の解雇予告除外認定があれば、解雇予告手当を支払わずに即日解雇できる
- **解雇予告例外**…次の者は解雇予告せず即時解雇できるが、期間を超えると解雇予告が必要
  ● 使用1か月以内の日雇者　● 2か月以内で使用される者
  ● 季節的業務に4か月以内で使用される者　● 試用期間14日以内の者

社会保険と雇用保険の入職・退職の手続 ◀ 第2章

解雇手続の流れ

| 解雇制限例外 | 解雇禁止または解雇制限の例外に該当する者かどうか確認する | |

| 解雇する場合 | 解雇の理由が合理的で社会通念上も相当かどうか確認する | |

| 労働者に理由のある場合 | 解雇理由が労働者にある場合は、理由を確認できるよう言動・注意・指導・懲戒処分を記録し明確にしておく | |

| 解雇禁止事由 | 解雇の理由が次の解雇禁止事由に該当するか否か確認する
● 国籍、信条、社会的身分、政治・社会的関係、性別
● 結婚、妊娠、出産、産前産後・育児・介護休業取得
● 法違反の行政官庁への申告や労働局長への調停の申請
● 有給休暇、裁判員休暇など法定休暇の取得 | |

| 解雇禁止期間 | 業務上の傷病・産前産後の休業期間とその後30日間は解雇できない | |

解雇予告除外のワンポイント

労基署の解雇予告除外認定は安易に判断されるものではなく、労働者に次のような重大または悪質な責めがある場合に限って認められる可能性があります。
① 重大または継続的な窃盗・横領・傷害など刑法犯で事業所の名誉を著しく傷つけた
② 賭博、風紀びん乱などで事業場規律を乱し事業所の信用や名誉に悪影響を与えた
③ 雇入時に採用や労働条件を決める重大な経歴詐称で雇い入れられた
④ 欠勤や遅刻が多く数度の注意にもかかわらず改まらない
⑤ 正当な理由なく2週間以上無断欠勤し、複数回の出勤督促にも応じない

14 社会保険・雇用保険の資格喪失手続

退職後は健康保険証を回収し資格喪失手続を行わないと保険料が徴収され続けます。退職理由は失業給付に影響するため事実を確認してください。

▶ 社会保険資格喪失届とその手続

- **資格喪失日**…被保険者資格喪失日は退職日、解雇日、死亡日の翌日となる
- **資格喪失手続**…本人と全被扶養者の保険証・資格喪失届を5日以内に事務センターへ届け出る
- **60日以上遡及**…資格喪失日が届書受付日から60日以上遡る場合は次の書類を添付する
  - ①退職月の賃金台帳と出勤簿の写し（事実発生日の確認）
  - ②役員は議事録か変更登記後の登記簿謄本の写し（事実発生日の確認）
- **回収不能時**…健康保険証が回収不能なら健康保険被保険者証回収不能・滅失届を添付する
- **継続再雇用**…60歳以上の人が退職後に標準報酬月額を下げて継続再雇用された場合は、同日付の資格取得届と次の①と②又は③の書類を提出する
  - ①就業規則、退職辞令の写し（退職日の確認ができるもの）
  - ②雇用契約書の写し（継続して再雇用されたことが分かるもの）
  - ③退職日と再雇用日に関する事業主印を押印した事業主の証明書
- **資格喪失証明書**…次の保険制度加入のために資格喪失日を記載した資格喪失証明書を交付する
- **任意継続被保険者**…任意継続被保険者となるには、資格喪失日から20日以内に住所地の協会けんぽ支部又は加入していた健康保険組合で資格取得手続を行う

▶ 雇用保険資格喪失届とその手続

- **資格喪失原因**… 資格喪失届の⑤欄の喪失原因とその区分は次のものとなる
  - ●喪失原因1＝死亡、在籍出向、出向元へ復帰
  - ●喪失原因2＝■ 任意退職（転職、自己都合等）
    - ■ 重責解雇（労働者の責めに帰す重大な理由による解雇）
    - ■ 契約期間満了　　■ 移籍出向
    - ■ 60歳以上定年による離職（継続雇用制度あり）
    - ■ 週所定労働時間が20時間未満となった場合、取締役就任
  - ●喪失原因3＝事業主の都合による解雇、事業主の勧奨による任意退職、65歳未満の定年による離職（継続雇用制度なし）
- **資格喪失手続**…退職日を離職日と記入し10日以内に資格喪失届を届け出る。失業給付の支給日数や給付制限が決まるため退職届などで退職理由を確認する

社会保険と雇用保険の入職・退職の手続 ◀第2章

社会保険・雇用保険の資格喪失手続の流れ

● 社会保険

退職事実確認	退職日と退職理由を確認。退職日の翌日以降は健康保険証が使えない	CHECK!! ✓
資格喪失届	被保険者と全被扶養者の健康保険証を回収する。回収できない場合は健康保険被保険者証回収不能・滅失届を添付する	CHECK!! ✓
記載・提出	氏名、基礎年金番号、生年月日、資格喪失日を記入し事務センターへ退職日の翌日以降に提出する	CHECK!! ✓
喪失証明書	国民健康保険など次の医療保険加入のための資格喪失証明書を交付する	CHECK!! ✓

● 雇用保険

資格喪失届	取得手続の際に交付された資格喪失届に離職日、喪失原因、住所、離職票の有無、離職理由を記載する	CHECK!! ✓
離職証明書	離職票を希望しない場合を除き、離職証明書を記載し添付する	CHECK!! ✓
提　出	●離職日翌日以降にハローワークへ喪失届・離職証明書を提出する ●出勤簿、賃金台帳、退職届のコピーなど確認書類を添付する	CHECK!! ✓
離職票	資格喪失手続後は次の必要書類を退職者へ届ける ●離職票1・2　●社会保険資格喪失証明書　●源泉徴収票など	CHECK!! ✓

15 離職証明書の記載方法

離職票は失業給付の受給に必要です。離職理由と賃金額は支給額に影響するため、退職届や賃金台帳、出勤簿を確認して記載してください。

▶ 離職証明書 — 左側の記載方法

- **離職証明書**…離職票は希望しない人を除き（59歳以上の被保険者には必ず）交付する。ハローワークへの提出後に3枚目が離職票として交付される
- **離職年月日**…離職日は最終在籍日を記入する。資格喪失届④欄と同じ日となる
- **算定対象期間**…⑧Ａ欄の左側は離職日翌日の喪失応当日で、応当日がない月は月末日とし右側は月ごとの離職日を記入する
- **賃金支払基礎日数**…⑨欄には⑧欄の賃金支払基礎日数を記入。11日以上の月が12か月になるまで記入し不足なら別紙（最上段空白）に離職日前2年間まで記入
- **賃金支払期間**…最上段は直前の賃金締切日翌日から離職日まで、以下は賃金締切期間ごとに遡って⑧欄と同期間（労働局により7か月）を記入
- **賃金額**…賃金は月給はＡ欄、日給・時給者はＢ欄に記入。非課税通勤手当も加算する 3・6か月分の通勤手当は期間月数で除して各月に按分して加算する
- **日・時給者の手当**…日給・時間給者の通勤手当など一定額手当はＡ欄に記入しその他の賃金はＢ欄に記入し、ＡＢ欄の合計額を合計欄に記入する

▶ 離職証明書 — 右側の記載方法

- **離職理由**…⑦離職理由と□欄は基本手当の給付日数や給付制限に影響するため、事実に基づき正確に該当する離職理由に○を記載する
- **定年退職**…定年退職では、継続雇用制度や対象者基準の有無と該当非該当、労働者の継続雇用の希望の有無、その他離職の具体的理由を記載する
- **有期労働契約**…有期労働契約では、契約期間の長さ、通算契約期間、更新回数を記載し、更新予定の有無や労働者の更新希望の有無などを記載する
- **具体的事情記載**…給付日数や給付制限に影響するため離職理由の具体的な事情を正確に記載する
- **確認書類**…退職届など離職理由を確認できる書類を添付すればトラブルを防止できる

離職証明書に関する必要事項

● 離職証明書に記載する賃金支払基礎日数

失業給付の受給資格 ⇒過去2年間に11日以上出勤日のある月が12か月あれば受給資格が発生	完全月給者	欠勤控除されない完全月給者は、離職票の⑧A欄の暦日数
	日給月給者	月給だが欠勤控除される場合は、定められた欠勤控除方法の日数。欠勤1日は20分の1を欠勤控除する場合に欠勤がなければ20日で1日欠勤時は19日。ただし、労働局で異なるため事前に確認が必要
	日給者・時間給者	離職票の⑧A欄の実際の出勤日数を記載

＊有給休暇・半日有給休暇：有給休暇取得日は算入し有給半日取得日は1日として計算する

● 雇用保険資格喪失届と離職証明書の届け出の添付書類

確認事項	確認書類
離職日と賃金支払基礎日数	必要期間分の出勤簿・タイムカード
支払賃金額	必要期間分の賃金台帳

離職理由	確認書類
任意退職	退職届か辞表か退職願など
契約期間満了	労働・雇用契約書、雇入通知書
事前に定めた期限到来	上限の年齢や更新の上限が確認できる書類
60歳以上定年（継続雇用制度あり）	就業規則及び退職届か辞表か退職願
重責解雇	解雇予告除外認定書または本人承諾書
移籍出向	出向契約書
事業主都合による解雇	解雇予告・解雇通知書、退職証明書
事業主の勧奨に応じた退職	退職勧奨を確認できる書類
希望退職に応じた退職	希望退職と応募事実が確認できる書類
事業所の倒産・廃止による退職	破産申立書の受理証明書等、解散決議議事録
65歳未満定年（継続雇用制度なし）	就業規則
労働条件の重大な問題	遅配、過度な残業などが確認できる書類
事業所移転に適応できず通勤困難	移転先がわかる書類及び通勤経路の時刻表

●書式2:解雇理由証明書

解 雇 理 由 証 明 書

　　　　　　品川 太郎　　　殿

　当社が、××年　3月　20日付けであなたに予告した解雇については、以下の理由によるものであることを証明します。

××年　3月　25日

　　　　　　　　事業主氏名又は名称　株式会社 横浜○○サービス
　　　　　　　　使 用 者 職 氏 名　使用者職氏名　代表取締役　赤堤 敏也

〔解雇理由〕※1、2

1　天災その他やむを得ない理由（具体的には、地震により当社工場の事務所が倒壊したこと　　　によって当社の事業の継続が不可能となったこと。）による解雇

2　事業縮小等当社の都合（具体的には、当社が、宅配サービス事業から撤退したことに伴い配送車輌と管理センターを廃止　　　　　となったこと。）による解雇

3　職務命令に対する重大な違反行為（具体的には、あなたが　命じられた業務を遂行せず、また正当な理由もなく職場放棄　　　　したこと。）による解雇

4　業務については不正な行為（具体的には、あなたが　会社の多数の商品と多額の金銭を横領　　　　　　　　　　したこと。）による解雇

5　勤務態度又は勤務成績が不良であること（具体的には、あなたが　数度の注意指導にもかかわらず、無断欠勤、無断遅刻を繰り返　したこと。）による解雇

6　その他（具体的には、心身の健康状態の悪化により、当社の業務に耐えられず、また、改善の見込みもないと認められたこと　　　　　　　）による解雇

※1　該当するものに○を付け、具体的な理由等を（　）の中に記入すること。
※2　就業規則の作成を義務付けられている事業場においては、上記解雇理由の記載例にかかわらず、当該就業規則に記載された解雇の事由のうち、該当するものを記載すること。

第3章

▶各種変更・被扶養者異動・結婚・離婚・出産・育児の関連手続

16 事業所の名称や所在地などの変更 ……………………………………………… 36
17 住所変更、氏名変更、生年月日訂正の手続 …………………………………… 38
18 健康保険の被扶養者異動手続 …………………………………………………… 40
19 健康保険証・年金手帳・雇用保険証の再交付 ………………………………… 42
20 結婚・離婚時の手続 ……………………………………………………………… 44
21 出産・育児の関連手続 …………………………………………………………… 46
書式3：健康保険被扶養者（異動）届 …………………………………………… 48

16 事業所の名称や所在地などの変更

事業所の名称や所在地等の事業所情報に変更があった場合は、変更事項を届け出てください。

▶ 事業所情報の変更事項

事業所情報 …次の事業所情報を変更（訂正）する場合は5日以内に事務センターに届け出る
管轄外への所在地変更の場合は、変更前の管轄事務センターへ届出る
労働保険は労基署、雇用保険はハローワークへ10日以内に届け出る
　○名称・組織形態　○所在地・地番変更　○電話番号等　○昇給・賞与支払月
　○保険料振替口座　○事業主　○個人事業主　○事業主の住所　○代理人

▶ 必要書類

法人事業所 …変更内容を確認できる法人登記簿謄本、所在地が登記と異なる場合は事業所の賃貸契約書のコピー及び公共料金等の領収書などのコピー
個人事業所 …事業主の変更後の住民票、許認可証、賃貸契約書、公共料金領収書等のコピー

▶ 使用する届出書

事業所関連 …健康保険・厚生年金保険適用事業所　所在地名称　変更（訂正）届（管轄内・管轄外）
事業主関連 …健康保険・厚生年金保険　事業所関係変更（訂正）届
金融機関口座 …保険料口座振替納付（変更）申出書→金融機関の口座番号確認印を受ける
労働保険 …労働保険　名称、所在地等変更届
雇用保険 …雇用保険事業主事業所各種変更届と労働保険名称、所在地等変更届の受理控

▶ 届出書の提出先

社会保険 …事務センター（管轄外移転も従来の事務センター）へ提出
労働保険 …管轄労基署（管轄外移転の場合は移転先労基署）へ提出
雇用保険 …管轄ハローワーク（管轄外移転の場合は移転先ハローワーク）へ提出

各種変更・被扶養者異動・結婚・離婚・出産・育児の関連手続 ◀ 第3章

手続の流れ

確認書類
- 所在地や事業所名称、事業主など変更事項の登記完了後に謄本や謄本と異なる所在地の場合は賃貸契約書・公共料金領収書のコピーを準備。
- 個人事業主は住民票、変更後の賃貸契約書や公共料金領収書など変更事項を確認できる書類のコピーを準備する

変更届記載
- 社会保険、労働保険、雇用保険の変更届を用意し記載する
- 社会保険の個人事業主の氏名・住所変更では、事業所関連変更（訂正）届と所在地・名称変更（訂正）届も用意し記載する

年金事務所
社会保険の変更届と添付書類を事務センターへ提出する。健康保険証変更の場合は郵送後に従来の健康保険証を事務センターへ郵送する

労基署
労働保険の変更届は管轄労基署へ添付種類と共に10日以内に提出。管轄外移転の場合は移転先の労基署へ提出する

ハローワーク
雇用保険の変更届は管轄のハローワークへ添付書類、監督署受理後の変更届の控と共に提出。管轄外へ移転の場合は移転先のハローワークへ提出

適用事業所廃止のワンポイント

社会保険適用事業所が次の理由により適用事業所でなくなったときは、事業主が「適用事業所全喪届」を5日以内に事務センターへ提出してください。適用事業所および直近24ヵ月以内に全喪した事業所の情報を年金機構のホームページで検索することができます。

・事業を廃止（解散）する場合　・事業を休止（休業）した場合　・他事業所と合併により事業所が存続しない場合　・一括適用により単独の適用事業所でなくなる場合

添付書類は次の①か②となり、これが添付できなければ③〜⑥のいずれかを添付します。

　①解散登記の記入がある法人登記簿謄本の（破産手続廃止又は終結の記載がある閉鎖登記簿謄本のでも可）
　②雇用保険適用事務所廃止届（事業主控）　③給与支払事務所等の廃止届
　④合併、解散、休業等異動事項の記載がある法人税、消費税異動届
　⑤休業等の確認ができる情報誌、新聞等　⑥その他の確認書類（いずれもコピー可）

17 住所変更、氏名変更、生年月日訂正の手続

被保険者の住所、氏名、生年月日に変更や訂正があった場合は、速やかに届け出てください。

▶住所変更時の手続

- **住所変更** …住所変更した場合は住所変更の手続を行う。健康保険証裏面の住所は、新住所へ書き換える。提出しないと年金定期便等が送付されない
- **配偶者住所変更** …被扶養者配偶者である国民年金第3号被保険者の住所変更手続を行う
- **使用する届書** …被保険者住所変更届(2枚目が国民年金第3号被保険者用)を使用する
- **手続場所** …住所変更届を速やかに事務センターへ提出する。健保組合は事前確認する
- **雇用保険** …雇用保険では被保険者の住所変更の手続は特に行わない

▶氏名変更（訂正）手続

- **氏名変更確認** …結婚や離婚、離縁、誤記載等で氏名を変更（訂正）する場合は、住民票等、健康保険証、年金手帳、雇用保険証を預かり変更内容を確認する
- **使用する届書** …●社会保険は健康保険・厚生年金保険　被保険者氏名変更（訂正）届
  ●被扶養者では、被扶養者（異動）届
  ●雇用保険は被保険者氏名更届（資格取得時に交付）
- **手続場所** …社会保険では、届書と健康保険証、住民票のコピーを事務センターへ速やかに提出する。年金手帳は自分で修正後の氏名を記載する
  雇用保険では、変更届、雇用保険証、住民票等を事業所管轄のハローワークへ速やかに提出する

▶生年月日の訂正手続

- **生年月日確認** …戸籍抄本等、健康保険証、年金手帳、雇用保険証を預かり正しい生年月日を確認する
- **使用する届書** …社会保険では、健康保険・厚生年金保険　被保険者生年月日訂正届
  被扶養者では、被扶養者（異動）届（48頁書式3参照）
  雇用保険では、雇用保険取得喪失生年月日・訂正届取消願
- **手続場所** …社会保険では、訂正届、健康保険証、年金手帳、住民票を事務センターへ速やかに提出する
  雇用保険では、訂正届取消願、雇用保険証、住民票等を事業所管轄のハローワークへ提出する

各種変更・被扶養者異動・結婚・離婚・出産・育児の関連手続 ◀ 第3章

手続の流れ

● 住所変更

| 変更内容に応じた届書を提出する | 変更内容により次の被保険者住所変更届を事務センターへ提出する
【協会けんぽ＋厚生年金保険に加入の場合】
　●被保険者と被扶養者が変更＝1枚目と2枚目を提出
　●被保険者が変更＝1枚目のみ提出　□被扶養配偶者が変更＝2枚目のみ提出
【協会けんぽのみ加入の場合（70歳以上等）】
　●被保険者と被扶養者が変更＝1枚目のみ提出＋被扶養配偶者の住所欄は記入不要
　●被保険者が変更＝1枚目のみ提出　□被扶養配偶者が変更＝届出不要
【健康保険証の変更記載】
　●健康保険証の裏面の住所欄の記載住所を変更する | CHECK!!
 |

● 氏名変更

| 健康保険証
年金手帳
雇用保険証を
預かる | 住民票と健康保険証（高齢受給者証、特定疾病療養受療証、健康保険限度額適用認定証等を含む）年金手帳、雇用保険証を預かる
　①被保険者氏名が変更（訂正）となる場合は、被保険者の健康保険証だけでなく、被扶養者の健康保険証も併せて添付する
　　（被扶養者の健康保険証には被保険者氏名の漢字が印字されている）
　②被保険者氏名のフリガナが変更（訂正）となる場合は、被保険者の健康保険証のみの添付でよく、被扶養者の健康保険証の添付は不要。
　③年金手帳は、被保険者が事業主へ提出する必要があるが、事業主が事務センター等へ届け出る際には、添付する必要はなし | CHECK!!
 |

| 手続を行う | 「健康保険・厚生年金保険　被保険者氏名変更届」を記載し健康保険証を添付し事務センターへ速やかに提出する
被扶養者の氏名・生年月日の変更や訂正は被扶養者(異動)届で行う（48頁書式3参照）
雇用保険証と氏名変更届を記載しハローワークへ提出する | CHECK!!
 |

● 生年月日訂正

| 健康保険証
年金手帳
雇用保険証 | 戸籍抄本と健康保険証（高齢受給者証、特定疾病療養受療証、健康保険限度額適用認定証等を含む。被扶養者健康保険証は不要）年金手帳、雇用保険証を預かる | CHECK!!
 |

| 手続を行う | 「健康保険・厚生年金保険　被保険者生年月日訂正届」と次の健康保険証を事務センターへ速やかに提出する
戸籍抄本等、雇用保険証と「被保険者資格取得喪失等訂正取消願」をハローワークへ提出する | CHECK!!
 |

39

18 健康保険の被扶養者異動手続

健康保険の被扶養者を追加するときは、親族関係と収入要件を確認してから手続してください。

▶ 健康保険の被扶養者を追加するとき

- **被扶養者追加**…健康保険の被扶養者を追加する主な理由は次のものがある
  - ●子や孫の出生　●離職者を扶養する場合　●扶養者の変更の場合
  - ●結婚した配偶者やその連れ子　●離婚後に子を扶養する場合
- **収入の確認**…年収130（60歳以上180）万円未満、同一生計など要件を確認する（9 参照）
- **認定日の確認**…結婚日、出生日、退職日、生計維持日など被扶養者の認定日を確認する

▶ 従業員から預かる必要書類

- **生徒・学生**…義務教育は学校名と学年を確認。高校以上は在学証明（健保組合は事前確認）
- **離職者**…離職を確認する証明書か離職票。失業給付の受給の有無を確認する
- **失業給付受給**…失業給付受給者は受給資格者証で日額3,612（60歳以上5,000）円未満を確認
- **傷病手当金受給**…年金や傷病・出産手当金等の受給者からは支給額通知書等を預かる
- **収入のある場合**…課税証明や非課税証明など。自営業者は確定申告書を預かる
- **姓が異なる場合**…親族関係を確認できる戸籍謄本を預かる
- **未入籍の配偶者**…重婚でないことを確認する被保険者と配偶者双方の戸籍謄本を預かる
- **同一生計確認**…同一生計が要件の場合は戸籍謄本と住民票で続柄と同一生計を確認する
- **基礎年金番号**…被扶養者が配偶者の場合は基礎年金番号記載の年金手帳などを預かる

▶ 被扶養者の氏名・生年月日の変更・訂正手続

- **被扶養者の変更**…被扶養者の氏名変更や訂正、生年月日の訂正は被扶養者（異動）届に誤事項を二重線で消し正しい事項を記載し健康保険証を添付して提出する（48頁書式3参照）

▶ 被扶養者を削除するとき

- **削除日を確認**…対象者と結婚日、就職日、死亡日、75歳到達など削除日を確認する
- **異動届提出**…被扶養者（異動）届と削除する者の健康保険証を事務センターに提出する
- **保険証回収不能**…健康保険証を回収できない時は、回収不能・滅失届を添付する
- **保険給付確認**…死亡の場合は、家族埋葬料、遺族年金、未支給年金などを確認する

各種変更・被扶養者異動・結婚・離婚・出産・育児の関連手続 ◀第3章

手続の流れ

● 被扶養者の追加

| 被扶養者の確認 | ●被扶養者となる人の理由、続柄、収入、住所など要件を確認する
●氏名（読み仮名）、生年月日、扶養の認定日を確認する | CHECK!! |

| 確認書類の預かり | ●要件確認のため収入に関する確認書類を従業員から預かる
●未入籍配偶者は非重婚確認のため本人と配偶者の戸籍謄本を預かる
●同一生計が要件の場合は戸籍謄本と住民票を預かる
●配偶者は、国民年金第3号被保険者のため年金手帳を預かる | CHECK!! |

| 届書提出 | ●被扶養者（異動）届に記載し事務センターへ提出する
●従来加入の健康保険制度の資格を喪失する | CHECK!! |

| 月額変更 | 家族手当等の加算に伴い随時改定に該当すれば月額変更届を提出する | CHECK!! |

● 被扶養者の削除

| 削除日と理由の確認 | 被扶養者削除の理由と削除日を確認する | CHECK!! |

| 保険証回収 | ●削除する被扶養者の健康保険証を（高年齢受給者証）を回収する
●紛失などで回収不能の場合は回収不能・滅失届を添付する | CHECK!! |

| 届書提出 | 記載した届書と回収した健康保険証を事務センターへ提出する | CHECK!! |

| 死亡の場合 | 削除理由が死亡の場合は、家族埋葬料、遺族年金、未支給年金の請求手続を確認する | CHECK!! |

| 月額変更 | 家族手当等の減額に伴い随時改定に該当すれば月額変更届を提出する | CHECK!! |

19 健康保険証・年金手帳・雇用保険証の再交付

健康保険証や年金手帳などを破損や紛失した場合は、再交付を申請してください。

▶ 健康保険被保険者証の再交付

- **健康保険証再交付** …健康保険証をき損・滅失した場合は再交付を申請する
- **再交付の申請** …健康保険証の再交付には「健康保険被保険者証再交付申請書」を協会けんぽに速やかに提出する。き損した健康保険証があれば添付する
- **健康保険証の紛失** …紛失し又は盗難にあった場合は最寄りの警察に届け出るとともに再交付申請書にその紛失や盗難にあった状況を記載する
- **高齢受給者証** …高齢受給者証の再交付には「健康保険高齢受給者証再交付申請書」を用いる
- **再交付後に発見** …紛失による再交付後に、従前の健康保険証や高齢受給者証が見つかった場合は、従前の健康保険証・高齢受給者証を協会けんぽに提出する

▶ 年金手帳の交付

- **基礎年金番号** …転職の度に年金手帳を提示して生涯同じ基礎年金番号を継続して登録する
- **年金手帳紛失** …年金手帳を無くすと基礎年金番号が不明となるため年金手帳を再交付する
- **再交付の申請** …年金手帳の再交付は「年金手帳再交付申請書」に最初と現在の勤務先事業所の名称や所在地、勤務年月日を記載し職歴書を添付して事務センターへ提出する
- **資格取得時再交付** …採用者の資格取得時に年金手帳がなければ同時に再交付を申請する

▶ 雇用保険被保険者証の再交付

- **被保険者番号** …転職の度に転職先に雇用保険証を提示すれば同じ被保険者番号を継続して登録することになり、異なる事業所の被保険者期間を継続できる。
- **被保険者証紛失** …資格取得時に雇用保険証がない場合は、過去の職歴と氏名、生年月日から該当する事業所で登録された被保険者番号を検索できることがある
- **被保険者証再交付** …雇用保険証を無くした場合は、職歴を記載した「雇用保険被保険者証再交付申請書」をハローワークへ提出すると雇用保険証が再交付される

各種変更・被扶養者異動・結婚・離婚・出産・育児の関連手続 ◀ 第3章

健康保険・雇用保険被保険者証・年金手帳の取扱い

● 被保険者の住所変更（17参照）
健康保険証＝住所変更届の提出後に裏面の住所を書き換える

● 被保険者の氏名変更（17参照）
健康保険証＝被保険者とすべての被扶養者の健康保険証を回収し提出する
年金手帳＝変更後の氏名を氏名欄に記載する
雇用保険証＝氏名変更届に添付してハローワークへ提出する

● 被扶養者の削除（18参照）
健康保険証＝削除する被扶養者の健康保険証を回収し提出する

● 被扶養者の氏名変更と生年月日訂正（18参照）
健康保険証＝対象となる被扶養者の健康保険証を回収し提出する
年金手帳＝国民年金第3号被保険者となる配偶者の年金手帳を提出する

● 事業所名称の変更（16参照）
健康保険証＝変更届の提出後、新しい健康保険証が交付されたら被保険者と被扶養者全員の健康保険証を回収し提出する

● 事業所所在地の変更（16参照）
健康保険証＝同一都道府県内の変更の場合はそのまま使用する
他の都道府県への変更の場合は、所在地変更手続後に新しい健康保険証が交付されたら被保険者と被扶養者全員の健康保険証を回収し提出する

● 雇用保険証
事業所名称変更手続後に、変更後の事務所名称の雇用保険証を再交付申請できる

20 結婚・離婚時の手続

被保険者が結婚や離婚したときは関連する各種手続が多数あるため、忘れずに手続してください。

▶ 被保険者の結婚後の手続

- **結婚の確認** …入籍日、未入籍結婚日、氏名変更、住所変更、被扶養者の有無を確認する
- **氏名変更あり** …改姓があれば、健康保険証・年金手帳・雇用保険証を預かる
- **氏名変更手続** …改姓の場合は健康保険証・年金手帳の氏名変更手続を事務センターで行い、雇用保険証の氏名変更手続は住民票を添付しハローワークで行う。賃金台帳、出勤簿、中退共等の氏名変更を行う
- **住所変更手続** …住所変更手続を事務センターで行い健康保険証裏面に新住所を記載する
- **被扶養者手続** …配偶者が健康保険被扶養者となるなら被扶養者認定手続を行う。未入籍婚では重婚でないことの確認のため被保険者と配偶者双方の戸籍謄本を預かる
- **国民年金手続** …結婚した配偶者が被扶養者となる場合は、事務センターで健康保険の被扶養者認定手続と国民年金第3号被保険者の種別変更手続を行う
- **他の被扶養者** …配偶者に被扶養者となる子や父母等がいる場合は収入や同一世帯要件を確認し、被扶養者認定手続を行う（9 参照）
- **給与計算確認** …家族・通勤手当等の支給額、源泉所得税の扶養家族数の変更を確認する
- **随時改定確認** …家族・通勤手当の変更後、標準報酬月額が2等級以上変動したか確認する

▶ 被保険者の離婚後の手続

- **離婚の確認** …離婚日、氏名変更、住所変更、被扶養者の追加・削除の有無を確認する
- **氏名変更あり** …改姓があれば、健康保険証・年金手帳・雇用保険証を預かる
- **氏名変更手続** …改姓の場合は健康保険証・年金手帳の氏名変更手続を事務センターで行い、雇用保険証の氏名変更手続は住民票を添付しハローワークで行う。賃金台帳、出勤簿、中退共等の氏名変更を行う
- **住所変更手続** …住所変更手続を事務センターで行い健康保険証裏面に新住所を記載する
- **被扶養者確認** …被扶養者が被扶養者でなくなる場合は被扶養者（異動）届で削除の手続を行う
- **他の被扶養者** …新たに被扶養者となる子や父母等がいる場合は被扶養者認定手続を行う（9 参照）
- **給与計算確認** …家族・通勤手当等の支給額、源泉所得税の扶養家族数の変更を確認する
- **随時改定確認** …家族・通勤手当の変更後、標準報酬月額が2等級以上変動したか確認する

各種変更・被扶養者異動・結婚・離婚・出産・育児の関連手続 ◀ 第3章

手続の流れ

事実の確認	戸籍謄本や住民票で結婚・離婚の事実とその年月日を確認する	CHECK!! ✓
保険証・年金手帳	改姓する場合は、健康保険証、年金手帳、雇用保険証、住民票などを預かる（**17**参照）	CHECK!! ✓
被扶養者手続	配偶者が健康保険の被扶養者となる場合は、年収など要件を確認し配偶者の年金手帳を預かる。未入籍の場合は、重婚でないことの確認のため被保険者と配偶者双方の戸籍謄本を預かる。その他の子など他の被扶養者がいれば、要件を確認する書類を預かる（**9**参照）	CHECK!! ✓
変更手続	健康保険証と年金手帳の氏名変更手続は事務センターで行う 雇用保険証の氏名変更手続は戸籍謄本や住民票を添付してハローワークで行う 住所変更手続は事務センターで行い健康保険証裏面に新住所を記載する 健康保険の被扶養者の追加・削除の手続は、事務センターで行う	CHECK!! ✓
随時改定	家族手当や通勤手当の変動で随時改定に該当するかどうかを確認する（**34**参照）	CHECK!! ✓

遺族年金失権のワンポイント　遺族年金を受けている方が、結婚や養子縁組などに該当したときは、遺族年金を受ける権利がなくなります。この場合は失権事由に該当した日から、遺族基礎年金については14日以内に、遺族厚生年金は10日以内に「遺族年金失権届」の提出が必要です。

21 出産・育児の関連手続

被保険者が出産や育児休業したときは関連する各種手続が多数あるため、忘れずに手続してください。

▶ 被保険者の出産関連手続

- **出産予定日確認** …出産予定日、産前休業、育児休業を説明し休業取得意向の有無を確認する
- **出産育児一時金** …出産育児一時金を説明し直接払でないか受取代理の場合は申請書を渡す
- **出産手当金** …産前産後休業期間に支給される出産手当金を説明し事前に申請書を渡す
- **産休の申出** …社会保険料が免除される産前産後休業期間は、出産予定日以前42日目から産後56日目までとなり、実出産日が予定日より遅れた期間も免除になる
- **実際の出産日** …出産前に「産前産後休業取得者申出書A」を提出した場合で、実出産日が予定日と異なる場合は「産前産後休業取得者変更（終了）届B」を提出する（39参照）
- **被扶養者認定** …子が被扶養者の場合は名前決定後に被扶養者(異動)届を提出し認定を受ける
- **出産育児一時金請求** …出産費用が直接払でない場合は、出産育児一時金の請求手続を行う（28参照）
- **家族手当所得税** …家族手当等の支給額、源泉所得税の扶養家族数の変更を確認する
- **産後休業終了時** …育児休業しなければ産前産後休業終了時の標準報酬月額の改定を確認し、子を養育する場合は養育期間標準報酬月額特例申出書を提出する（35参照）
- **子の看護休暇** …子を養育する場合は子の看護休暇(年間5日。子が2人以上では10日)を説明する

▶ 被保険者の育児休業関連手続

- **育児休業申出** …社会保険料が免除される育児休業は次の休業となりその都度申請する
  ① 1歳（母親は産後57日目以降）に満たない子を養育するための育児休業
  ② 1歳から1歳6か月に達するまでの子を養育するための育児休業
  ③ 1歳（1歳6ヶ月）から3歳に達するまでの子を養育するための育児休業の制度に準ずる措置による休業
- **保険料免除** …育児休業後に育児休業者等取得者申出書を事務センターへ提出する（40参照）
- **育児休業給付** …育児休業する場合は、雇用保険の休業開始時賃金証明及び子が1歳(1歳6か月、2歳)までの育児休業給付の支給申請手続を行う（50参照）
- **育児休業延長** …前記②、③の育児休業した場合は、それぞれ育児休業等取得者申出書（延長）を提出し保険料の免除を申出る。雇用保険育児休業給付の延長申請も行う
- **育児休業終了** …終了予定日前に育児休業を終了した場合は、育児休業等取得者終了届を提出し保険料免除の終了を申し出る（40参照）
- **休業時の改定** …育児休業終了時の標準報酬月額の改定を確認し、子を養育する場合は養育期間標準報酬月額特例申出書を提出する（36参照）

各種変更・被扶養者異動・結婚・離婚・出産・育児の関連手続 ◀ 第3章

手続の流れ

| 出産予定日確認 | ●出産予定日、産前休業、育児休業の取得意向を確認する
●産後休業は法で休業させることが定められている | CHECK!! ✓ |

| 産休取得申出書 | 産前産後休業を取得する場合は、「産前産後休業取得者申出書」を事務センター提出すると社会保険料は免除される（39参照） | CHECK!! ✓ |

| 産休保険料免除 | 休業開始日の月から終了予定日翌日の月の前月までの保険料が免除される
実出産日が予定日より遅れた場合は、その期間も免除される | CHECK!! ✓ |

| 被扶養者の認定 | 出生した子が被保険者の被扶養者となる場合は被扶養者(異動)届を事務センターへ提出し認定を受ける（9参照） | CHECK!! ✓ |

| 出産手当金申請 | 産前産後休業期間中に報酬が支払われない場合は、医師の証明を受けた「出産手当金支給申請書」を協会けんぽ・健保組合に提出する（30参照） | CHECK!! ✓ |

| 育児休業申出 | 育児休業を取得する場合は前頁①、②、③のそれぞれの育児休業ごとに「育児休業取得者申出書」を事務センターに提出する（40参照） | CHECK!! ✓ |

| 育児休業給付申請 | 雇用保険の育児休業給付の支給申請手続きを行う（50参照）
子が1歳誕生日の前々日までの育児休業期間に育児休業給付が支給される | CHECK!! ✓ |

| 育児休業終了 | 終了予定日前に育児休業を終了した場合は、育児休業等取得者終了届を提出し保険料免除の終了を申し出る（40参照） | CHECK!! ✓ |

| 育児休業終了の改定 | 育児休業終了時の標準報酬月額の改定を確認し、子を養育する場合は「養育期間標準報酬月額特例申出書」を事務センターへ提出する（36参照） | CHECK!! ✓ |

● 書式3：健康保険被扶養者(異動)届(被扶養者に関する変更・訂正)

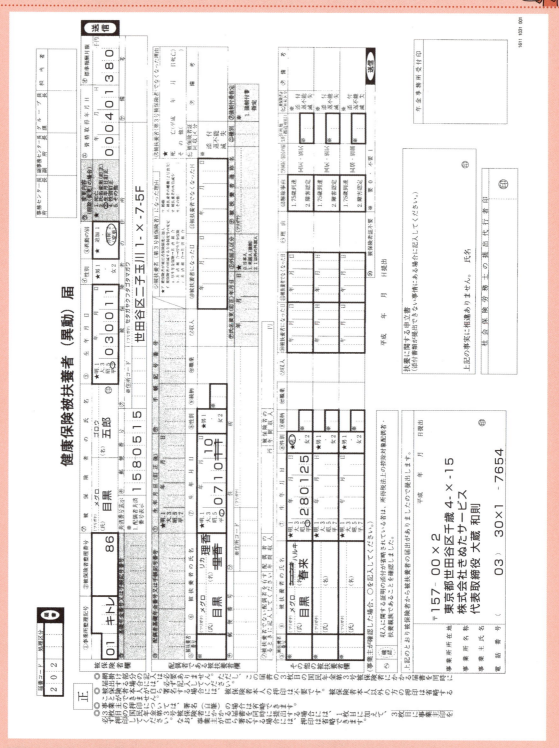

■記入・提出上の注意
● この届書の1～2枚目は健康保険被扶養者(異動)届、3枚目は第3号被保険者関係届である。
● 被扶養者氏名に変更・訂正がある場合は⑥欄に変更訂正前の氏名を記入のうえ二重線で抹消し、その上段に変更訂正後の氏名を記入する。⑧には変更・訂正後の性別に○を、第3号被保険者では⑦の該当するものに○をすること。
● 配偶者の生年月日の訂正は訂正前および訂正後の⑦欄にそれぞれの生年月日を記入する。
● 外国籍の人は「ローマ字氏名届」もあわせて提出すること。
● 第3号被保険者の変更訂正には、3枚目の右下「届出人欄」にも記名押印のうえ届け出ること。
● 届出の際は該当する被扶養者の被保険者証および第3号被保険者の年金手帳を添付すること。

第4章

▶健康保険の保険給付

22	療養給付	50
23	現金で医療費を支払った場合の手続	52
24	高額療養費	54
25	埋葬料(費)・家族埋葬料	56
26	傷病手当金の支給要件	58
27	傷病手当金の申請手続	60
28	出産育児一時金	62
29	出産手当金	64
30	出産手当金の申請手続	66
31	負傷原因届、第三者行為による傷病	68
書式4：健康保険 負傷原因届		70

22 療養給付

健康保険の療養給付は原則として治療や薬が現物給付されます。療養給付を受ける際は健康保険証を医療機関の窓口に提出してください。

▶ 健康保険の給付

- **健康保険の給付**…健康保険には次の保険給付がある。療養給付は診療の医療や薬剤、入院時の世話などを現物給付し、休業・出産・死亡の給付は現金を給付する
  - ●療養の給付　●休業の給付　●出産の給付　●死亡の給付
- **保険給付対象外**…あざ・ほくろ、近・遠・斜視、美容整形、定期健診、不妊治療等は給付対象外
- **業務上の傷病**…業務上・通勤途上の傷病には労災保険が保険給付し健康保険は給付しないが、次のいずれにも該当する場合は業務上の傷病にも健康保険が保険給付する
  - ① 被保険者数が5人未満の適用事業所に使用される法人の役員等
  - ② 一般の従業員が従事する業務と同一である業務を遂行している場合
  - ③ その業務に起因する疾病、負傷若しくは死亡
- **法人役員業務**…法人の役員の業務に起因する疾病、負傷若しくは死亡に対しては健康保険から保険給付は行われない
- **シルバー人材**…シルバー人材センター会員等の業務上の傷病については、労災保険の給付が支給されない場合は健康保険が保険給付する

▶ 療養給付の受給方法

- **療養給付の受給**…療養給付を受けるときは医療機関に健康保険証を提示する。70歳以上の高齢受給者は同時に交付された健康保険高齢受給者証も提示する
- **一部負担金支払**…療養給付を受けたときは、年齢や収入に応じて療養給付費用の1～3割の額を一部負担金として医療機関に支払う
- **高齢者負担軽減**…70歳以上で被扶養者がある高齢受給者が標準報酬月額28万円以上あるが、被保険者とその被扶養者が年収520万円（被扶養者がない場合は383万円）未満の場合は一部負担割合が2割から1割へ軽減される
- **基準収入適用申請**…高齢受給者の負担軽減には、「高齢受給者基準収入額適用申請書」と添付書類を初回申請は70歳時、定期判定では8月に協会けんぽに提出する
- **資格喪失時の給付**…退職等の資格喪失時は、退職日まで健康保険証は有効となり健康保険の保険給付を受けられる

健康保険の保険給付 ◀第4章

療養給付の受給方法

| 健康保険証提示 | 療養給付を受けるには、医療機関に健康保険証・高齢受給者証を提示する | CHECK!! ✓ |

| 健康保険証未交付 | 資格取得日以降に健康保険証が未交付なら医療機関でその旨を伝え、交付後直ちに提示する。医療費を現金で支払った場合は領収書を添付する | CHECK!! ✓ |

| 一部負担金支払 | 医療機関で受診の際は該当する次の一部負担金を窓口で支払う
①小学校入学前　　　　　　　　　　　　　　　　　　療養費用の2割
②小学校入学以後70歳まで　　　　　　　　　　　　療養費用の3割
③高齢受給者：70歳到達の翌月以降 (S19.4.1以前生まれ)　療養費用の1割
④高齢受給者：70歳到達の翌月以降 (S19.4.2以降生まれ)　療養費用の2割
⑤標準報酬月額28万円以上の③④該当者　　　　　　療養費用の3割
⑥年収520万円 (被扶養者がなければ383万円) 未満の⑤の該当者で基準収入額適用申請者 (負担軽減者)　　療養費用の2割 | CHECK!! ✓ |

| 基準収入適用 | 70歳以上の被扶養者がある標準報酬月額28万円以上の高年齢受給者が次に該当する場合は「高齢受給者基準収入額適用申請書」を初回申請時は70到達時、定期判定では毎年8月中に協会けんぽに提出する。申請が9月以降に遅れた場合は申請月の翌月から負担が軽減される
①被保険者と被扶養者の年収が520万円未満
②被扶養者ない被保険者の年収が383万円未満 | CHECK!! ✓ |

| 適用申請添付書類 | 基準収入額適用申請書の提出の際は収入申告欄全員分の次の書類を添付する
●(非)課税証明書、公的年金等・給与源泉徴収票、確定申告書写し等 | CHECK!! ✓ |

| 基準収入の対象 | 基準収入を判定する収入からは次の収入が除外される
●退職金、障害・遺族年金、傷病手当金、児童扶養手当、失業給付 | CHECK!! ✓ |

23 現金で医療費を支払った場合の手続

療養給付は通常は治療や薬が現物として給付されますが、費用を現金で支払った場合は領収証などを添付してその費用の給付を申請できます。

▶ 療養の費用を現金で支払う主なケース

療養費の現金払…診療や薬剤など現物給付の医療を現金で支払うのは次のケースがある
　①立替払いなど
　　　●未交付や携帯忘れ等で医療機関に健康保険証を提示できない
　　　●資格喪失した健康保険証を提示し後日保険者から医療費を請求された
　　　●協会けんぽと未契約の柔道整復師の骨折・脱臼・捻挫等の施術を受けた
　②治療用の装具装着
　　　●医師の同意のもとで義手義足、コルセット・ギプス等の装具を装着した
　　　●医師の同意のもとではり、あんま、きゅうの施術を受けた
　③生血液の輸血を受けた
　④海外で健康保険の療養給付に相当する医療を受けた

柔道整復師…柔道整復師（整骨院・接骨院）が療養給付できるのは、急性で外傷性の打棒、捻挫、挫傷、骨折、脱臼（骨折・脱臼は応急処置を除き医師の同意が必要）となる

▶ 療養費用の支給申請手続

支給申請手続…療養費用の支給申請には「健康保険被保険者・家族　療養費支給申請書」(立替払等、治療用装具、生血、海外療養費)の該当する申請書及び負傷の場合は負傷原因を裏面に記載し、添付種類と共に協会けんぽに提出する

立替払の添付種類…領収書の原本＋診療明細書、委任払の柔道整復師は委任欄に署名押印する

装具の添付書類…領収書の原本＋医師の装具装着の承諾書

海外での医療費…パスポート及び現地で診療した医師の記載した次の書類。事前に用意し海外旅行に持参すると受診したときに証明を受けられる
　　　医科＝現地支払の領収書＋診療内容明細書(A様式)＋領収明細書(B様式)
　　　歯科＝現地支払の領収書＋診療内容明細書(C様式)＋領収明細書(B様式)

負傷原因届…負傷の場合は負傷原因を記載した「健康保険負傷原因届」を添付する(70頁書式4参照)

健康保険の保険給付 ◀第4章

手続の流れ

● 被保険者証を提示しない場合

| 医療費全額支払い | 健康保険証を提示せず保険診療の全額を支払った場合は月末までに健康保険証と領収書を医療機関に提示し、保険給付分の金額を返還してもらう | CHECK!! |

| 療養費支給申請 | 医療機関が保険給付分の医療費を返還できない場合は、「被保険者・家族療養費支給申請書(立替払)」と次の書類を添付して協会けんぽに提出する
●医療費の領収書の原本　●診療明細書（レセプト） | CHECK!! |

| 保険者へ支給申請 | 資格喪失の健康保険証を提示し、保険者から送付された納付書で医療費を納付したら、新たに資格取得した保険者に「被保険者・家族療養費支給申請書(立替払)」のその領収書と診療明細を添付して支給申請する | CHECK!! |

● 装具装着の場合

| 装具装着の場合 | 「被保険者・家族療養費支給申請書（治療用装具）」と次の書類の原本を添付して協会けんぽに支給申請する
●医師の同意書　●義手義足、コルセット・ギプス等など領収書 | CHECK!! |

● 柔道整復師の施術を受けた場合

| 柔道整復の施術 | 整骨院や接骨院で急性・外傷性の骨折・脱臼(緊急時以外は医師の同意必要)、打撲、捻挫（肉ばなれを含む）の施術を受けた場合が保険給付の対象となる | CHECK!! |

| 受領委任 | 窓口で一部負担金を支払い必要種類の委任状欄に署名押印すれば「受領委任」で柔道整復師が患者に代わり残りの費用を保険者に請求する | CHECK!! |

● 海外で医療を受けた場合

| 事前に明細書用意 | 渡航前に次の明細書を用意し、海外に持参する
　医科＝診療内容明細書(A様式)＋領収明細書(B様式)
　歯科＝診療内容明細書(C様式)＋領収明細書(B様式) | CHECK!! |

| 受診機関による証明 | 海外で医療を受けた場合は、医療費支払い後に領収書を受け取り、持参した書類に証明を受ける | CHECK!! |

| 療養費の支給申請 | 「健康保険被保険者・家族　療養費支給申請書(海外療養費)」と医療機関から証明を受けた明細書と領収書を添付して協会けんぽに提出する | CHECK!! |

53

24 高額療養費

入院手術など高額な医療費がかかるときは、事前に限度額認定適用を申請し認定証を医療機関の窓口に提示すると、支払う医療費が少なくなります。

▶ 高額療養費

- **高額療養費** …高額療養費の自己負担額には被保険者の所得区分ごとに限度額がある
- **対象療養費** …1か月の初日から末日までに1つの医療機関で受けた療養費の自己負担額
- **1つの医療機関** …異なる医療機関や薬局ごと、複数の診療科のある場合は診療科ごと、医科と歯科ごと、外来と入院ごとに自己負担額が限度額を超えたか計算する
- **対象医療費** …保険診療の費用が対象となり差額ベッド代やテレビ使用料等は対象外となる

▶ 高額療養費の世帯合算・多数該当

- **世帯合算の給付** …同一月に同一世帯の被保険者と被扶養者が各々自己負担した21,000円(70歳以上は全額)以上の額を合算した額が限度額を超えると、その超えた額が世帯合算の制度により給付される
- **多数該当の給付** …同一保険者の高額療養費の対象となる月以前12か月間に同一世帯で高額療養費が3回以上支給された場合は4回目以降の限度額は軽減される
  協会けんぽと健康保険組合など異なる保険者では通算されない

▶ 限度額適用認定・支給申請の手続

- **限度額認定** …高額療養費の限度額までは自己負担だが、70歳未満の人が事前に「健康保険限度額認定申請書」を協会けんぽに提出し交付された「限度額適用認定証」と被保険者証を医療機関に提出すると、高額療養費分の金額が請求されない
- **支給申請手続** …自己負担した高額療養費の申請は、協会けんぽに「健康保険高額療養費支給申請書」を提出する。低所得者は非課税証明等を添付するか申請書に市町村の証明印を受ける

健康保険被保険者証カードの取扱い

● 70歳未満の方の自己負担限度額（平成27年1月診療分から）

所得区分	自己負担限度額	多数該当
①区分ア（標準報酬月額83万円以上の方） （報酬月額81万円以上の方）	252,600円＋（総医療費－842,000円）×1%	140,100円
②区分イ（標準報酬月額53万円～79万円の方） （報酬月額51万5千円～81万円未満の方）	167,400円＋（総医療費－558,000円）×1%	93,000円
③区分ウ（標準報酬月額28万円～50万円の方） （報酬月額27万円～51万5千円未満の方）	80,100円＋（総医療費－267,000円）×1%	44,400円
④区分エ（標準報酬月額26万円以下の方） （報酬月額27万円未満の方）	57,600円	44,400円
⑤区分オ（低所得者） （被保険者が市区町村民税の非課税者等）	35,400円	24,600円

「区分ア」「区分イ」の場合は市区町村民税が非課税でも、「区分ア」「区分イ」に該当する

● 70歳以上75歳未満の方の自己負担限度額（平成29年8月診療分から）

被保険者の所得区分		自己負担限度額	
		外来（個人ごと）	外来・入院（世帯）
①現役並み所得者 （標準報酬月額28万円以上で高齢受給者証の負担割合が3割の方）		57,600円	80,100円＋(医療費-267,000円)×1% [多数該当：44,400円]
②一般所得者（①および③以外の方）		14,000円	57,600円 [多数該当：44,400円]
③低所得者	Ⅱ（※1）	8,000円	24,600円
	Ⅰ（※2）		15,000円

※1 被保険者が市区町村民税の非課税者等である場合
※2 被保険者とその扶養家族全ての方の収入から必要経費・控除額を除いた後の所得がない場合
注）現役並み所得者に該当する場合は、市区町村民税が非課税等であっても現役並み所得者となる

● 70歳以上の外来療養にかかる年間の高額療養費（平成29年8月診療分からが対象）

基準日（7月31日）時点の所得区分が一般所得区分または低所得区分に該当する場合は、計算期間（前年8月1日～7月31日）のうち、一般所得区分または低所得区分であった月の外来療養の自己負担額の合計が144,000円を超えた額が払い戻される

25 埋葬料(費)・家族埋葬料

被保険者やその被扶養者が死亡すると、埋葬料として5万円が支給されます。

▶ 埋葬料

- **埋葬料** … 被保険者及び被扶養者が死亡したときは、5万円の埋葬料(家族)が支給される

▶ 埋葬料の支給申請

- **支給申請書** … 埋葬料の支給申請には、「被保険者・家族埋葬料(費)支給申請書」に事業主の死亡証明を受けるか、死亡診断書のコピー等を添付して協会けんぽに提出する
- **被扶養者以外** … 被扶養者以外の家族が申請する場合は、住民票(死亡者と申請者が記載)か同一住所でなければ仕送りが確認できる予貯金通帳か現金書留封筒など添付する
- **その他の手続** … 被保険者死亡では被保険者資格喪失届と健康保険証等を、被扶養者の死亡では、被扶養者(異動)届とその被扶養者の健康保険証を事務センターへ提出する

▶ 生計維持家族がいない場合の埋葬費

- **埋葬費** … 死亡被保険者に生計維持される家族がいなければ、埋葬の実施者に5万円以内の埋葬に要した僧侶謝礼、霊柩代、火葬料、骨箱などの分の埋葬費を支給
- **支給申請** … 「被保険者・家族埋葬料(費)支給申請書」に事業主の死亡の証明を受けるか、死亡診断書のコピー及び埋葬費用の領収書を添付して提出する

▶ 資格喪失後の埋葬料・埋葬費

- **支給対象者** … 資格喪失後の埋葬料・埋葬費は被保険者だった人が次の場合に支給される
  被保険者期間は①は問わず②③は傷病・出産手当金の受給に1年以上必要
  ① 被保険者だった人が資格喪失後3か月以内に死亡したとき
  ② 資格喪失後の傷病・出産手当金の受給中に死亡したとき
  ③ 資格喪失後の傷病・出産手当金の受給後3か月以内に死亡したとき
- **支給申請手続** … 通常の埋葬料(埋葬費)の支給と同様

健康保険の保険給付 ◀第4章

●埋葬料(費)支給申請の添付書類

申請する給付の種類	自己負担限度額多数該当
全ての支給申請の場合	■事業主の証明 【上記証明が受けられない場合（下記のいずれか一つ）】 　●埋葬許可証のコピー　　●火葬許可証のコピー 　●死亡診断書のコピー　　●死体検案書のコピー 　●検視調書のコピー　●亡くなった方の戸籍(除籍)謄(抄)本 　●住民票（死亡者名の記載あるもの）

●申請する給付の種類別に必要な添付書類

申請する給付の種類	添付書類
被扶養者以外が 埋葬料を申請する場合	●生計維持を確認できる書類 住民票（死亡被保険者と申請者が記載されている）を添付。個人番号（マイナンバー）の記載がないものをご提出する。 ●住居が別の場合は下記の生計維持を確認できる書類を添付する ・定期的な仕送り事実のわかる預貯金通帳や現金書留封筒の写し ・亡くなった被保険者が申請者の公共料金等を支払ったことがわかる領収書の写しなど
埋葬費の支給申請の場合	埋葬に要した領収書及び埋葬に要した費用の明細書

●申請する給付の種類に関係なく条件に該当する場合に必要な添付書類

条　件	添付書類
外傷の場合	負傷原因届
交通事故等第三者行為の場合	第三者の行為による傷病届
被保険者のマイナンバーを記載した場合 (被保険者証の記号番号を記載の場合は記入不要)	本人確認書類 ・マイナンバーカード(個人番号カード)の表・裏両面のコピーか住民票(番号記載)を添付 ・マイナンバーカードがない場合は通知カードのコピー及び身元確認のため運転免許証かパスポート、公官署の　顔写真付証明書を貼付台紙にどちらも貼付のうえ、申出書に添付する

26 傷病手当金の支給要件

傷病手当金は私傷病欠勤時の収入を確保する重要な制度です。給付額と報酬との関係を説明したうえで忘れずに手続してください。

▶ 傷病手当金

- **傷病手当金** …傷病手当金は次のすべてに該当すれば労務不能欠勤4日目から支給される
  - ① 傷病による療養で欠勤した日に報酬を受けられない
  - ② 傷病療養による欠勤が3日間連続し待期期間を満たした
- **待期期間** …待期期間の連続3日間は報酬が支払われる有給休暇の取得が可能
- **被保険者死亡** …被保険者が死亡の場合は、死亡日までの分を相続人が請求できる
- **継続給付** …被保険者期間が継続1年以上あり資格喪失時に支給中または支給される状態の人には、資格喪失後も本来の労務不能の支給期間に支給される。ただし、労務可能となった後は再び労務不能となっても支給されない

▶ 傷病手当金の支給額

- **支給額** …1日あたりの支給額は支給開始日以前の継続した被保険者期間12か月間の各月の標準報酬月額の平均額の30分の1の額の3分の2の額となる。
  被保険者期間が12か月未満の場合は、支給開始日の属する月以前の継続した各月の標準報酬月額の平均額と前年度9月30日の全被保険者を平均した標準報酬月額のいずれか少ない額の30分の1の額の3分の2の額となる。
- **支給開始日** …傷病手当金は待期期間3日経過後の4日目から支給される。欠勤期間が連続20日間の場合は［20日－待期期間3日＝17日］が支給対象の日となる
- **支給限度期間** …傷病手当金は支給開始日から1年6か月までを限度に支給され、この期限を過ぎると支給されない

▶ 支給額の調整

- **支給額の調整** …支われた報酬額が傷病手当金の支給額未満ならばその差額が支給される。障害厚生年金なども同様に調整される
- **各種手当** …基本給を欠勤控除したり勤務日の日給や時間給だけを支給しても、欠勤日も含め通勤手当などが全額支給されていればその分が減額される
- **有給休暇** …待期期間には有給休暇を取得できるが、待期期間後の欠勤4日目以降の有給休暇取得日には、報酬が支払われたため疾病手当金は支給されない

健康保険の保険給付 ◀第4章

傷病手当金の受給判断と手続の流れ

受給の判断	連続3日以上の欠勤期間について、医師が療養のための労務不能期間と認めていただけるかどうか相談する	CHECK!!
請求の判断	欠勤期間が短期の場合は、申請するか有給休暇を取得するか確認する	CHECK!!
報酬の計算	●待期期間3日間には有給休暇を取得し報酬を支払っても影響ない ●待期期間後の申請期間に有給休暇を取得するとその日数分は支給されない	CHECK!!
諸手当の計算	欠勤日があっても通勤手当など月を単位として決まる手当が全額支給されると、申請期間分の支給額がその分減額される	CHECK!!
外傷の傷病	打撲、骨折など外傷の場合は、業務上でないか次の負傷原因を確認する 「負傷の日時」「場所」「何をしていたとき」「どうして負傷したか」	CHECK!!
立替保険料	欠勤期間中の社会保険料や住民税など事業所が立て替えて納付した金額の負担方法を話し合う	CHECK!!
継続給付	資格喪失後に、老齢・退職年金の受給者が継続して支給申請する場合は、傷病手当金の日額が年金額の360分の1額より多い場合に限り差額が支給される	CHECK!!

| 待期期間 | 休 \| 休 \| 休 \| 休 \| 休 \| 休 \| 休
←待期満了→ ←傷病手当金支給 | 休 \| 休 \| 出 \| 休 \| 出 \| 休 \| 休 \| 休 \| 休 \| 休 \| 休
←待期満了→ ←傷病手当金支給 |

傷病手当金のワンポイント　傷病手当金は、医師の労務不能であるとの証明があれば、入院した療養休業期間だけでなく、自宅療養の休業期間に対しても支給されます。

27 傷病手当金の申請手続

傷病手当金の初回申請時は、賃金の支給額の計算方法や有給休暇取得日などを確認のうえ、記載した出勤簿や賃金台帳のコピーを添してください。

▶ 傷病手当金の申請準備

- **支給申請書**…協会けんぽ・健康保険組合から傷病手当金支給申請書を取り寄せる
- **医師の証明**…労務不能の欠勤期間について医師の証明を受ける。欠勤が2か月以上なら報酬計算期間に合わせ1か月分ごとに申請できる
- **賃金台帳**…申請期間が報酬計算期間の途中の場合、欠勤控除額や支払った報酬の日割計算方法を明示しておく
- **出勤簿**…労務不能の申請期間が確認できるよう出勤簿やタイムカードなどを用意する
- **役員会議事録**…申請期間の役員報酬を減額や不支給とした場合、その議決の役員会議事録を用意する

▶ 傷病手当金支給申請書の記載方法

- **申請書記載**…
  - ●健康保険証記号番号、氏名住所、仕事内容、傷病名、申請期間等を記載する
  - ●請求人の金融機関支店名と口座番号、名義人を記載する
  - ●被保険者名義以外の口座へ振込希望の場合は、受取代理人欄へ被保険者と代理人が記名押印する
  - ●打撲や骨折など外傷なら負傷原因欄に状況を記載し「負傷原因届」を添付する
  - ●傷病原因が第三者(他人)行為なら「第三者の行為による傷病届」を添付する
  - ●「事業主が証明するところ」欄は、申請期間の欠勤・公休・有休取得状況、基本給、手当ごとの賃金やその計算方法を記載し代表印を押印する

▶ 傷病手当金申請の添付書類

- **添付書類**…初回申請は申請期間と前2か月間の賃金台帳、出勤簿のコピー
- **役員請求**…役員は役員報酬の減額・不支給の議決の役員会議事録
- **障害年金受給者**… 障害年金の受給者は年金証書、年金額改定通知書などのコピー
- **老齢年金受給者**…老齢年金受給者の資格喪失後の申請では年金証書などのコピー
- **被保険者死亡**…被保険者死亡時における相続人の申請では戸籍謄本(全部事項証明)

健康保険の保険給付 ◀第4章

傷病手当金の申請手続の流れ

| 支給申請書 | 協会けんぽや健康保険組合から傷病手当金支給申請書を取り寄せる | CHECK!! |

| 医師の証明 | ●就労日前日までの欠勤期間について医師から労務不能の証明を受ける
●長期間の申請では、報酬の計算期間に合わせ1か月単位で申請できる | CHECK!! |

| 申請書記入 | ●医師の証明を受けた申請書を請求人と事業主が記入押印する
●申請人及び事業主が自署の場合は、押印を省略できる | CHECK!! |

| 外傷の傷病 | 傷病が打撲、骨折、擦傷など外傷の場合は、申請書の負傷原因記入欄に発生状況を詳しく記載し、あわせて負傷原因届を添付する | CHECK!! |

| 第三者行為災害の場合 | 傷病原因が第三者（他人）行為による場合は「第三者の行為による傷病届」を入手し詳しく記載したうえで添付する | CHECK!! |

| 初回申請の添付書類 | ●初回申請時は、請求期間と前2か月間の賃金台帳、出勤簿のコピー
●役員や障害年金受給者などその他の必要な添付書類を確認 | CHECK!! |

| 支給限度期間 | 待期期間｜傷病手当受給｜出勤｜傷病手当受給｜欠勤＝不支給
←―――――― 1年6ヵ月 ――――――→ |

傷病手当金のワンポイント　月給や手当額等を欠勤控除した場合は、本来の額と賃金締切期間ごとの欠勤控除後の支給した賃金額を申請書の賃金記載欄に記入し、かつその欠勤控除額の計算方法も記載してください。そして賃金額と欠勤期間が賃金台帳と出勤簿と同じになっているか確認してください。

28 出産育児一時金

被保険者やその被扶養者が妊娠85日以上で出産したときは、出産育児一時金として42万円が支給されます。

▶ 出産育児一時金

- **出産育児一時金**…被保険者や被扶養者が妊娠4か月（85日）以上で出産したときは、子一人につき42万円（産科医療補償制度に未加入の分べん機関では40万4千円）が出産育児一時金として支給される。双子以上は人数分支給される
- **退職後の給付**…被保険者期間が継続1年以上あり資格喪失日から6ヵ月以内に出産した場合は、資格喪失後の出産育児一時金が支給される。その人が被扶養者の場合は資格喪失後の出産育児一時金か家族出産育児一時金のいずれかを選択する
- **対象分べん**…支給対象となる出産には、正常分べん、流産、死産、人工中絶も含む
- **申請書**…「健康保険出産育児一時金内払金支払依頼書・差額申請書」又は「健康保険出産育児一時金支払申請書」

▶ 分べん費用の受給方法

- **直接払・受取代理**…出産育児一時金は、直接払では協会けんぽから直接分べん機関に支払われるため、出産した人はその現金を支払う必要はない。分べん機関を受取代理人とする受取代理の場合は、「出産育児一時金等支給申請書（受取代理欄に記入押印）」を協会けんぽに提出する
- **直接払でない場合**…直接払を利用しない場合や海外で出産した場合は、「出産育児一時金支給申請書」と分べん費用の領収書、直接払制度を利用しないことの文書のコピーを添付して協会けんぽに提出する。支給決定後に請求者の指定口座に振り込まれる

▶ 支給額未満の分べん費用

- **分べん費用の差額**…分べん機関に支払う分べん費用が42万円未満の場合は、保険給付額との差額の請求方法は、次のいずれかとなる
  - ①差額申請＝協会けんぽから分べん機関に振込2か月後に差額を受け取る
  - ②内金払＝協会けんぽから分べん機関に振込み前に差額を受け取る
- **差額の受取方法**…差額申請では、「出産育児一時金　内金払依頼書・差額申請」と分べん費用の領収書と明細書（専用請求書と相違ない旨記載）のコピーを協会けんぽに提出する。内金払では申請書に分べん機関の出生証明を受けるか母子健康手帳か住民票などの出生確認書類と直接払代理契約文書のコピーを添付する

健康保険の保険給付 ◀第4章

手続の流れ

● 出産育児一時金

分べん機関確認	分べん機関で出産育児一時金の支払い制度を確認する □直接払＝申請手続はなし　　□受取代理　　□直接払不利用	CHECK!! ✓

受取代理利用機関	分べん機関から受取代理の証明を受けた「出産育児一時金等支給申請書（受取代理欄に記入押印）」を協会けんぽに提出する	CHECK!! ✓

直接払不利用機関	分べん機関の証明を受けた「出産育児一時金支給申請書」と分べん費用の領収書、直接払制度を利用しないことの文書のコピーを添付して協会けんぽに提出する	CHECK!! ✓

● 出産育児一時金の差額申請

分べん費用の差額	分べん費用が保険給付額未満であるか否かを確認する	CHECK!! ✓

差額申請方法	差額の支給申請方法をどちらにするか確認する ①内金払＝協会けんぽから分べん機関に振込み前に差額を受け取る ②差額申請＝協会けんぽから分べん機関に振込2か月後に差額を受け取る	CHECK!! ✓

差額の受取方法	次の書類を協会けんぽに提出する ・「出産育児一時金　内金払依頼書・差額申請書」 ・分べん費用の領収書と明細書（専用請求書と相違ない旨記載）のコピー	CHECK!! ✓

内金払の受取	申請書に分べん機関の出生証明を受けるか母子健康手帳又は住民票などの出生確認書類と直接払代理契約文書のコピーを添付する	CHECK!! ✓

63

29 出産手当金

産前産後休業期間中に報酬が支払われない場合は、出産手当金として標準報酬月額の3分の2の額が支給されます。

▶ 産前産後休業と出産手当金

- **出産手当金** … 出産手当金は妊娠85日以上の出産で休業し報酬を受けない産前42日（多胎妊娠98日）産後56日間に支給する。出産日は産前期間に含まれる
- **出産の定義** … 正常出産だけでなく、妊娠85日以上の早産、死産、流産（自然、人工含む）、人工中絶も含み、正常な婚姻関係でなくとも支給する
- **継続給付** … 被保険者期間が継続1年以上あり退職日から42日（多胎妊娠98日）以内に出産し資格喪失時に受給できる状態（出産日以前42日目が加入期間であり、かつ退職日は休業していること）の場合は、資格喪失後も支給される

▶ 出産手当金の支給額

- **支給額** … 1日あたりの支給額は支給開始日以前の継続した被保険者期間12か月間の各月の標準報酬月額の平均額の30分の1の額の3分の2の額となる。被保険者期間が12か月未満の場合は、支給開始日の属する月以前の継続した各月の標準報酬月額の平均額と前年度9月30日の全被保険者を平均した標準報酬月額のいずれか少ない額の30分の1の額の3分の2の額となる。
- **予定日以後** … 実出産日が出産予定日より遅れた場合は、その遅れた日数分も支給される

▶ 支給額の調整

- **給付金減額** … 申請する休業日に報酬を支払うとその日には支給されない
- **支給額の調整** … 支われた報酬額が出産手当金の支給額未満ならその差額が支給される
- **各種手当** … 基本給を欠勤控除したり勤務した日や時間の分だけを支給しても、欠勤日も含め通勤手当などが全額支給ならその分が減額される
- **有給休暇** … 支給申請期間の有給休暇取得日は、報酬が支払われたため支給されない

健康保険の保険給付 ◀第4章

出産手当金の支給要件判断

産前休業の確認	予定日前42日目といつから産前休業するか確認する	CHECK!! ✓
請求の確認	産前休業期間に有給休暇を取得するか出産手当金を請求するか確認する	CHECK!! ✓
報酬の計算	報酬や給与の計算期間の途中に請求期間がある場合は、その月の基本給や諸手当などの報酬は日割計算し出勤した日の分だけを支給する	CHECK!! ✓
諸手当の計算	通勤手当など月を単位とする手当を欠勤日があるにもかかわらず全額支給すると、欠勤期間分の支給額を減額される	CHECK!! ✓
保険料免除	産前産後休業期間中の社会保険料免除のため、産前産後休業取得者申請書を事務センターへ提出する（39参照）	CHECK!! ✓
立替金の負担	休業前に、休業期間中に事業所が立て替えて支払う予定の住民税等の負担方法を話し合う	CHECK!! ✓

出産手当金のワンポイント　出産手当金は、産前42日（多胎妊娠98日）間と産後56日間の産前産後休業中の報酬が支払われない期間に支給されます。1日当たりの支給額は支給開始以前12ヵ月平均の標準報酬月額の30分の1の額の3分の2の額ですので、通常の賃金が支払われる有給休暇のほうが金額は多くなります。また、産前42日以上前から産前休業して、42日以上前の期間に有給休暇を取得する場合もあります。体調管理に万全を期したうえで、仕事の状況も考慮していつから産前休業をとるか決めてください。

30 出産手当金の申請手続

出産手当金を産後休業後に請求する場合は、原則として産後56日後の報酬支払日後に手続します。

▶ 出産手当金申請の準備

- **支給申請書** …協会けんぽ・健康保険組合から出産手当金支給申請書を取り寄せる
- **医師の証明** …退院時に医師の証明を受けるため休業前に本人に申請書を渡す
- **賃金台帳** …申請期間が報酬計算期間の途中になる場合、欠勤控除額や支払った報酬の計算方法を明示しておく
- **出勤簿** …休業した申請期間が確認できるよう出勤簿やタイムカードなどを用意する
- **役員会議事録** …役員の申請では申請期間の役員報酬を減額か不支給としたら、その議決の役員会議事録を用意する

▶ 出産手当金支給申請書の記載方法

- **申請書記載** …
  - ●健康保険証の記号番号、氏名、住所、生年月日、請求期間等を記載する
  - ●医師または助産師の意見欄に意見担当者の証明を受ける
  - ●請求人の金融機関支店名と口座番号、名義人を記載する
  - ●被保険者名義以外の口座へ振込希望の場合は、受取代理人欄へ被保険者と代理人が記名押印する
  - ●「事業主が証明するところ」欄は、申請期間の欠勤・公休・有給取得状況、基本給、手当ごとの賃金や計算方法を記載し、代表印を押印する

▶ 出産手当金の申請手続

- **申請時期** …産前休業分と産後休業分を同時に申請する場合は、産後56日後の報酬支払日後に手続する
- **添付書類** …
  - ●申請期間と前2か月間の賃金台帳、出勤簿のコピー。報酬計算期間の途中に申請期間があり日割り計算で報酬を支払う場合はその計算方法を明示する
  - ●役員の場合は報酬の減額や不支給を確認できる役員会議事録のコピーを添付する

健康保険の保険給付 ◀第4章

出産手当金の申請手続の流れ

支給申請書	●協会けんぽや健康保険組合から出産手当金支給申請書を取り寄せる ●出産機関が直接払でないなら出産育児一時金支給申請書も取り寄せる	CHECK!! ☑
申請書を渡す	退院時に出産機関から、証明を受けられるように休業前に支給申請書を被保険者に渡しておく	CHECK!! ☑
申請書記入	●医師の証明を受けた申請書を記入し、申請人と事業所が押印する ●申請人及び事業主が自署の場合は押印は省略できる	CHECK!! ☑
添付書類	●出勤簿で申請期間を、賃金台帳で報酬支払額を確認する ●役員の場合は、さらに役員会議事録で報酬の支払状況を確認する	CHECK!! ☑
継続給付	資格喪失後の申請の場合に、申請期間が資格喪失前にある場合は、その期間の賃金台帳、出勤簿などや申請書に事業主代表印の押印が必要	CHECK!! ☑
育児休業	育児休業する場合は、社会保険料の免除申請のため「健康保険・厚生年金保険 育児休業等取得者申出書」を事務センターに提出する（40 参照）	CHECK!! ☑

出産育児一時金のワンポイント　出産育児一時金は、協会けんぽから医療機関などへ直接支払われるためそれに相当する出産費用を医療機関などへ支払う必要はありません。この直接支払制度を利用していない医療機関などでお産した場合は、受取代理により医療機関などが被保険者に代わり出産育児一時金を受け取れます。受取代理では、「出産育児一時金支給申請書」の受取代理人の欄に、被保険者が記名押印のうえ受取代理人の情報を記載押印し、振込希望口座は受取代理人名義の口座を記載して添付書類と一緒に協会けんぽに提出してください。

31 負傷原因届、第三者行為による傷病

ケガや負傷による傷病では、原因を記載した負傷原因届を提出します。相手（加害者）の行為による傷病では、第三者行為による傷病届を提出します。

▶ 負傷原因届

ケガ等外傷 …ケガや負傷など外傷により保険給付を受ける場合は、負傷の日時や場所、原因発生状況などを記入した「健康保険　負傷原因届」を提出する（70頁書式4参照）

業務災害 …業務災害・通勤災害は労災保険が保険給付するため、健康保険は保険給付しない。ただし、被保険者5人未満の法人代表者の業務災害（代表者業務は除く）は例外として健康保険から給付されるが、傷病手当金は支給されない（22参照）

▶ 第三者行為

第三者行為 …次のような相手（第三者）の加害行為による傷病では、被害者は加害者へ療養費用や休業補償の損害賠償を請求できる。相手が不明でも第三者行為となる
・交通事故、車の同乗者からみた運転者、暴行、ケンカ、犬の噛みつきなど

求　償 …被害者が健康保険から保険給付を受けた場合は、健康保険は被害者が有する損害賠償請求権を代位取得し、保険給付の費用を加害者に請求する

第三者行為傷病届 …第三者行為による傷病に保険給付を受ける場合は、次の書類を協会けんぽへ提出する

①交通事故の場合
　「第三者行為による傷病（事故）届」、「負傷原因報告書」、「事故発生状況報告書」、「念書」、「損害賠償金納付確約書・念書、同意書」、「人身事故証明書入手不能理由書（事故証明入手できない場合）」

②交通事故以外の場合
　第三者行為による傷病（事故）届」、「負傷原因報告書」、「念書」、「損害賠償金納付確約書」

健康保険の保険給付 ◀第4章

手続の流れ

● 負傷原因届

| 負傷原因 | 骨折や打棒、切傷などケガや負傷の場合は次の事項を確認する
傷病名、負傷日時、負傷場所、負傷原因、相手（加害者）の有無 | CHECK!! |

| 業務上災害 | 負傷原因が業務上・通勤途上の場合は労災保険が保険給付するため健康保険は使わず労災保険に給付申請する。健康保険が給付する例外がある | CHECK!! |

| 負傷原因届 | 労災保険の給付対象外のケガや負傷で健康保険に保険給付を申請する場合は、「健康保険負傷原因届」に状況を記載して協会けんぽに提出する（22参照） | CHECK!! |

● 第三者行為による傷病

| 第三行為 | 原因が相手（加害者）の行為による次の負傷が第三者行為による傷病となる
相手のある交通事故、ケンカ、犬の噛みつき、車の同乗者などの傷病等 | CHECK!! |

| 負傷原因 | ケガや負傷などの原因に相手（加害者）ある場合は次の事項を確認する
傷病名、負傷日時、負傷場所、負傷原因、相手の氏名・住所・連絡先 | CHECK!! |

| 損害賠償 | 傷病の治療費などは被害者が相手(加害者)へ請求できるが、被保険者や被扶養者は健康保険の保険給付を受けることもできる | CHECK!! |

| 傷病(事故)届 | 第三者行為による傷病に健康保険の保険給付を受けた場合は「第三者(他人)等の行為による傷病(事故)届」など必要な書類を協会けんぽに提出する | CHECK!! |

| 保険者の求償 | 協会けんぽは相手(加害者)に対して(交通事故では過失割合に応じて)被害者の持つ損害賠償請求権を代位取得して、保険給付に要した費用を相手に請求する。これを求償という | CHECK!! |

● 書式4：健康保険 負傷原因届

健康保険 負傷原因 届

被保険者・事業主記入用

記入方法および添付書類等については、「健康保険 負傷原因 届 記入の手引き」をご確認ください。
届書は、楷書で枠内に丁寧にご記入ください。　記入見本 0123456789アイウ

被保険者情報

被保険者証の (左づめ)	記号	1244567	番号	71	生年月日	☑昭和 □平成	年 61 月 08 日 11

氏名・印　(フリガナ) ヨヨギ タツヒコ　代々木 達彦　印　自署の場合は押印を省略できます。

住所　(〒180 - 8×21)　東京 ☑都 □道 □府 □県　武蔵野市吉祥寺西町4-×-7
電話番号（日中の連絡先）　TEL 0422 (5×) 241×

被保険者または負傷した方が記入するところ

負傷した方	☑被保険者・□被扶養者（氏名　　　　　　　）
負傷した方の勤務形態 ※該当するものを含む□を選択ください。	☑正社員、契約、派遣、パート、アルバイト □請負、法人の役員、ボランティア、インターンシップ等 □無職 □その他（　　　　　）	労災保険に特別加入していますか。 □特別加入している ☑特別加入していない
傷病名	左小指第三指骨骨折
負傷日時	平成 2× 年 5 月 18 日 □午前・☑午後 7 時頃
負傷した時間帯（状況）	□勤務時間中 □勤務日の休憩中 □出張中 ☑私用中 □その他（　　） □通勤途中（□出勤 □退勤／□寄り道等有り □寄り道等無し）
負傷場所	□会社内 □路上 □駅構内 ☑自宅 □その他（　　　　　　　　）
負傷原因 負傷原因で次にあてはまるものがありますか。	□交通事故 □暴力（ケンカ） □スポーツ中 □職場行事 □職場行事以外 □動物による負傷（飼い主：□有 □無） ☑あてはまらない
上記にあてはまる原因がある場合、相手はいますか。また、その場合は、あなたは被害者ですか、加害者ですか。	相手：□有 →□あなたは被害者 　　　　　 →□あなたは加害者 　　　□無	※相手がいる負傷の場合は「第三者行為による傷病届」の届出が必要です。
負傷した時の状況を具体的にご記入ください。	購入したタンスを自宅2階へ運ぼうとして両手で持ち、階段を昇ろうとしたときつまずいて階段に手をついたとき、左手指にタンスが落ちて骨折した
治療経過	平成2×年 5 月 26 日現在　□治癒 ☑治療継続中 □中止
治療期間	平成2×年 5 月 26 日 から 平成2×年 6 月 3 日まで

事業主欄

業務災害及び通勤災害の場合のみ事業主の記入を受けてください。

事業所の労災適用	有・無	社員総数	名	事業内容	
業務（通勤）災害該当の確認	有・無 →「無」の場合、その理由				

上記、本人の申し立てのとおり　□業務災害　□通勤災害　に相違ないことを認めます。

事業所所在地　(〒　　－　　)
事業所名称
事業主氏名　　印
電話番号　　(　　)

受付日付印

様式番号　□□□□□　　協会使用欄 □□□□

全国健康保険協会 協会けんぽ

1/1

■記入・提出上の注意
● 怪我や負傷による健康保険の各種の給付を申請するときは、この負傷原因届を提出する。
● 業務・通勤災害は労災保険から給付されるが、労災保険の給付対象とならない場合は法人役員業務の場合を除き健康保険の給付対象となる例外（22 参照）がある。
● 交通事故、けんか、犬の嚙みつき等相手がいる場合は、例え相手が不明でも「第三者による傷病届」を提出する。クルマの同乗者の負傷も運転者が第三者のため提出する。
● 業務・通勤災害の場合は、事業主欄の記載と押印が必要となる。

■70

第5章

▶ 標準報酬月額の定時決定・随時改定・産休・育児休業終了時の改定

32 標準報酬月額の定時決定（算定基礎届） ………………………………………… 72
33 標準報酬月額定時決定の特例・年間平均 ………………………………………… 74
34 標準報酬月額の随時改定（月額変更届） ………………………………………… 76
35 産前産後休業終了時の改定 ………………………………………………………… 78
36 育児休業終了時の改定 ……………………………………………………………… 80
図表1：報酬に該当するもの、該当しないもの
図表2：標準報酬月額の随時改定（等級が上限・下限の場合） ……………………… 82
図表3：育児休業終了時の標準報酬月額の改定

32 標準報酬月額の定時決定（算定基礎届）

被保険者の標準報酬月額が実際の報酬額とかい離しないよう毎年4月・5月・6月の報酬の平均額によりその年の9月以降の標準報酬月額を見直します。

▶ 定時決定の対象者と対象月

定時決定の意義	…標準報酬月額が実際の報酬額とかい離しないよう毎年4月・5月・6月の報酬の平均額によりその年の9月以降の標準報酬月額を見直す（82頁図表1参照）
算定対象者確認	…7月1日現在の算定対象被保険者を確認する。6月1日以降の資格取得者及び届書に記載されている資格喪失者は算定基礎届の対象外となる
支払基礎日数	…支払基礎日数は月給者が暦日数で欠勤控除があれば所定勤務日数から欠勤日数を控除する。日給・時間給者は出勤日数で有給休暇取得日は出勤日となる
算定対象月確認	…出勤簿で算定基礎届の対象者ごとの4月・5月・6月の報酬支払基礎日数17日以上の月、短時間就労者は17日以上の月がない場合は15日以上の月、短時間労働者（7参照）は11日以上の月とその報酬額を確認する
随時改定者確認	…次の随時改定される被保険者は定時決定の対象からは除外される ①7月・8月・9月に随時改定される被保険者 ②7月・8月・9月に産前産後・育児休業終了時に改定される被保険者

▶ 定時決定の対象報酬

翌月払の報酬	…定時決定では翌月支払の報酬は4月・5月・6月に支払われた報酬の平均額で9月以降の標準報酬月額を決定する
対象報酬額確認	…4月・5月・6月の各報酬額に遡及昇給額や遅配額、年3回以下の賞与、見舞金等臨時的賃金、出張旅費など対象外の報酬が含まれてないか確認する
現物給与額確認	…給食券、社宅や寮、定期券など現物給与が支給される場合は都道府県ごとの現物給与価額に換算して報酬額に加算する。制服や作業衣は対象外となる
本人負担額確認	…食事や住宅費用の一部を被保険者本人が負担している場合は、換算した価額から本人負担額を控除した額を報酬額に加算する。食事費用の3分の2以上の額を本人が負担する場合は食事の現物給与は報酬額に含めない
通勤手当の確認	…賃金台帳に記載されない通勤手当や定期代の支給があれば報酬額に加算する
平均額の記入	…支払基礎日数17日、15日、11日以上の月の報酬額の平均額で算定する ・3か月とも17日以上の場合は3か月の平均額で算定する ・短時間就労者は17日以上の月がなければ15日以上の月で算定し、いずれの月も15日未満の場合は従前の標準報酬額で保険者算定する ・短時間労働者は11日以上の月の報酬額で算定する

標準報酬月額の定時決定・随時改定・産休・育児休業終了時の改定　◀ 第5章

手続の流れ

対象者確認	算定基礎届に記載されている対象者、資格喪失者、未記載対象者を確認し、未記載者の氏名、生年月日、標準報酬月額を記入する　CHECK!! ✓
支払基礎日数確認	4・5・6月の一般被保険者の報酬支払基礎日数17日以上の月を確認する □短時間就労者の支払基礎日数が17日なければ15日以上の月を確認する □短時間労働者の支払基礎日数11日以上の月を確認する □報酬が翌月支払の場合は、4・5・6月に支払われた報酬を対象とする　CHECK!! ✓
報酬額を確認	17日・15日・11日以上の支払基礎日数の月の報酬額を確認する 給与台帳に未記載の通勤手当や定期代、食事や住居等現物給与を確認する 食事は本人負担が3分の2以上なら除外、住居は本人負担額を除外する　CHECK!! ✓
遡及昇給除外	各月の報酬額に遡及昇給額や遅配額、年3回以下の賞与、見舞金等 臨時的賃金、出張旅費などが含まれる場合は算定対象賃金より除外する　CHECK!! ✓
随時改定者確認	固定的報酬変動の随時改定者や産休、育休の改定対象者を確認する　CHECK!! ✓
届書に記載	対象者ごとに算定基礎届に支払基礎日数、対象月の報酬額、対象月の報酬合計額と平均金額を記載する 70歳以上の被保険者は、70歳以上被用者算定基礎・月額変更・賞与支払届にも記載する　CHECK!! ✓
期限まで提出	事業所ごとに期限までに提出。算定基礎届の調査に該当した場合は調査日までに、届書と調査対象書類を持参する。　CHECK!! ✓

33 標準報酬月額定時決定の特例・年間平均

通常の定時決定による標準報酬月額の等級と年間平均額による等級が大きく乖離する場合は、年間平均による報酬額で標準報酬月額を決定できます

▶ 年間平均による算定

年間平均の特例 …定時決定は毎年4月・5月・6月の報酬月額の平均額で決定するが、繁忙期等によりその平均額が前年7月から当年6月までの年間平均報酬月額と大きく乖離する場合は、保険者算定により年間平均の報酬額を標準報酬月額とすることができる

年間平均の要件 …年間平均による標準報酬月額を適用するには次の条件を満たすことが必要
　①年間と4・5・6月の平均額による標準報酬月額の差が2等級以上ある
　②その2等級以上の差が業務の性質上例年発生すると見込まれる
　③年間平均額を標準報酬月額とすることに被保険者が同意している
　④当年7・8・9月に標準報酬月額の随時改定が行われない

年間平均対象者 …年間平均による標準報酬月額の対象者は次のすべてに該当する被保険者
　①当年3月まで資格取得し年間平均による標準報酬月額の要件を満たす
　②一方の報酬月額が上限又は下限の額で他方の額がその隣の額の場合は、標準報酬月額の等級の差が1等級でも対象となる（82頁図表2参照）

▶ 年間平均による届書

年間平均の届書 …年間平均の保険者算定を受けるには次の届書を事務センターに提出する
　①保険者算定申立に係る例年の状況、標準報酬月額の比較及び被保険者の同意書（被保険者の同意欄には本人の署名か記名押印する）
　②年間報酬の平均で算定することの申立書（業種、作業内容繁忙状況記入）

年間平均対象月 …一般被保険者の支払基礎日数17日未満の月の合計欄は「－」と記入する

短時間就労者 …短時間就労者の4・5・6月の支払基礎日数17日以上の月を対象とした場合は年間平均も17日以上の月を対象とし、15日以上17日未満の月を対象とした場合は年間平均も15日以上17日未満の月を対象とする

標準報酬月額の定時決定・随時改定・産休・育児休業終了時の改定 ◀第5章

手続の流れ

| 業務の性質確認 | ●通常と年間平均を比べ2等級以上の差が業務の性質上例年発生するか確認
●年間平均の対象者の要件に該当するか確認 | |

| 等級変動確認 | 定時決定と年間平均決定それぞれの標準報酬月額を確認
　4・5・6月の報酬平均額＝（　　　　　　　　　）
　年間の報酬平均額＝（　　　　　　　　　） | |

| 上・下限度額 | 標準報酬月額が上限又は下限で他方がその隣の場合は1等級の差でも対象となる（82頁図表2参照） | |

| 対象者の意向確認 | 標準報酬月額が変わると、保険料と保険給付額、年金給付額が変わるため対象者に手続するかどうか意向を確認する | |

| 届書作成 | 年間平均で定時決定する場合は、次の書類を事務センターに提出する
　①保険者算定申立に係る例年の状況、標準報酬月額の比較及び被保険者の同意書（被保険者の同意欄には本人の署名か記名押印する）
　②年間報酬の平均で算定することの申立書（業種、作業内容繁忙状況記入） | |

| 期限まで提出 | 指定された提出期限まで算定基礎届を提出する | |

| 決定通知書 | 送付された標準報酬月額の決定通知書の等級に応じて改定月の翌月以降に支払われる社会保険料を変更する | |

34 標準報酬月額の随時改定（月額変更届）

毎月の固定的報酬額が変動し、変動後3か月間の報酬の平均額の等級が従前に比べ2等級以上変った場合は、随時改定により標準報酬月額を変更します。

▶ 随時改定の対象者と対象月

- **随時改定の意義**…昇給や降給など固定的に支払われる報酬が変動し、変動月以後の各月の支払基礎日数が17日（短時間労働者は11日）以上の3か月間の報酬額の平均額が、従前の標準報酬月額に比べ2等級以上の差が生じたときは、変動月以後4か月目以降の標準報酬月額を改定する
- **上限・下限等級**…一方の標準報酬月額が上限又は下限の額で他方がその隣の額の場合は標準報酬月額の差が1等級でも改定する（82頁図表2参照）
- **短時間就労者**…短時間就労者でも固定的報酬の変動後の3か月間に支払基礎日数が17日未満の月が1か月でもあれば標準報酬月額の随時改定は行われない
- **支払基礎日数**…月給者の支払基礎日数は暦日数で欠勤控除があれば所定勤務日数から欠勤日数を控除する。日給・時間給者は出勤日数で有給休暇取得日は出勤日となる

▶ 随時改定の対象報酬

- **対象報酬額確認**…固定的報酬の変動後3か月間の報酬額に遡及昇給額や遅配額、年3回以下の賞与、見舞金等臨時的賃金、出張旅費などが含まれてないか確認する
- **現物給与額確認**…給食券、社宅や寮、定期券など現物給与が支給される場合は都道府県ごとの現物給与価額に換算して報酬額に加算する。制服や作業衣は対象外となる
- **本人負担額確認**…食事や住宅費用の一部を被保険者本人が負担している場合は、換算した価額から本人負担額を控除した額を報酬額に加算する。食事費用の3分の2以上の額を本人が負担する場合は、食事の現物給与は報酬額に含めない
- **通勤手当の確認**…賃金台帳に記載されない通勤手当や定期代の支給があれば報酬額に加算する

▶ 月額変更届

- **翌月払の報酬**…随時改定では報酬が支払われた月を対象とするため、翌月支払の場合はその支払われた月から3か月間の平均額で2等級以上の差があるか確認する
- **計算期間中の変動**…計算期間の途中に固定的報酬が変動した場合は、1か月の変動額を反映した月を対象とするため、変動月の翌月以後3か月間の報酬額を対象とする
- **追加の添付書類**…標準報酬月額の5等級以上の引き下げや届出が60日以上遅れた場合は変動月の前月以降の賃金台帳と出勤簿のコピーを添付する
- **役員の添付書類**…役員報酬減額の随時改定では月額変更届に次の書類を添付する
  ・変動月前月以降の給与台帳と出勤簿　・役員会議事録

標準報酬月額の定時決定・随時改定・産休・育児休業終了時の改定 ◀ 第5章

手続の流れ

対象者確認	昇給や降給等固定的報酬が変動した人と変動後の報酬の支払月を確認する 時間給、日給が月給になった場合やその逆の場合も対象となる 運賃値上・転居後の通勤手当や子の出生に伴う家族手当の変動などを確認	CHECK!! ✓
支払基礎日数	変動月以降3か月の各月の報酬額の支払基礎日数を確認する 一般被保険者・短時間就労者とも3か月の各月に17日以上が必要 短時間労働者は3か月とも11日以上が必要	CHECK!! ✓
対象報酬確認	変動後3か月間の17日以上の支払基礎日数の月の報酬額を確認する 給与台帳に未記載の通勤手当や定期代、食事や住居等現物給与を確認する 食事は本人負担が3分の2以上なら除外。住居は本人負担額を除外する	CHECK!! ✓
遡及昇給除外	各月の報酬額に遡及昇給額や遅配額、年3回以下の賞与、見舞金等 臨時的賃金、出張旅費などが含まれる場合はその額を差し引く（82頁図表1参照）	CHECK!! ✓
2等級以上変動	対象月の報酬平均額による標準報酬月額の等級と従前の等級に2等級以上の差が生じた場合は随時改定の対象となる。 従前の等級が上限・下限で他方が隣の場合は1等級の変動でも改定する （82頁図表2参照）	CHECK!! ✓
月額変更届書記載	対象者ごとに届書の支払基礎日数、対象月の報酬額、合計額と平均額、昇(降)給額、変動月、変動内容を記入する	CHECK!! ✓
月額変更届提出	記載した月額変更届を事務センターへ提出する	CHECK!! ✓
保険料の変更	標準報酬月額の改定通知書が届いたら改定月の翌月以降の保険料を変更	CHECK!! ✓

35 産前産後休業終了時の改定

産後休業終了後の 3 か月間の報酬の平均額が、育児短時間勤務などで従前の等級より 1 等級でも低下した場合は、固定的報酬額の変動がなくとも標準報酬月額を改定できます。

▶ 産前産後休業終了時の改定

- **産休終了後の報酬** … 産前産後休業終了後に残業減少や短時間勤務などで固定的報酬が変動せずに報酬額が減少しても標準報酬月額と保険料は従前額のままとなる
- **産休終了後の改定** … 産前産後休業終了日に子を養育し次に該当する被保険者は、固定的報酬に変動がなくとも休業終了後 4 か月目以降の標準報酬月額を改定できる
  - ①従前の標準報酬月額と産休終了日の翌日が属する月以後 3 か月間の報酬の平均額による標準報酬月額との間に 1 等級以上の差がある
  - ②3 か月間のうち少なくとも 1 か月は支払基礎日数が 17 日（短時間労働者は 11 日）以上あること。17 日の月のない短時間就労者は 15 日以上の月が 1 ヵ月以上あること

▶ 産前産後休業終了時の改定手続

- **産休終了後の手続** … 産後休業終了時の改定手続は、休業終了後 3 か月経過後に「産前産後休業終了時報酬月額変更届」を事務センターへ提出する
- **育児休業開始時** … 産前産後休業終了日の翌日に引き続き育児休業を開始している場合は、産前産後休業終了時の改定はできない

▶ 産前産後休業終了時改定の標準報酬月額

- **標準報酬月額の適用** … 改定月が 1 〜 6 月ならば当年 8 月まで、改定月が 7 〜 12 月ならば翌年 8 月まで適用される。随時改定があればその標準報酬月額となる
- **標準報酬月額の特例** … 改定後の標準報酬月額が産前産後休業開始の前月の標準報酬月額を下回っても「厚生年金保険養育期間標準報酬月額特例申出書」を提出すると、子が 3 歳到達日翌日の属する月の前月までは従前の高い標準報酬月額で年金給付額を計算する。1 年以内に被保険者でなかった場合は適用されない。
- **月額特例の終了** … 標準報酬月額の特例は次のいずれかの場合に終了する
  - ①申出の子の死亡またはその子を養育しなくなったとき
  - ②申出の子が 3 歳になった時又は被保険者でなくなったとき
  - ③保険料が免除される新たな産前産後休業・育児休業を開始したとき

標準報酬月額の定時決定・随時改定・産休・育児休業終了時の改定 ◀ 第5章

手続の流れ

報酬額の支払基礎日数を確認	産後休業終了日の翌日が属する月以後3か月間に受けた各月の報酬の支払基礎が次の日数以上あり改定対象となる報酬があるかを確認する 報酬が翌月払の場合は、最初に支払われた月は対象外となることがある ・一般被保険者17日以上 ・短時間就労者はいずれも17日以上の月がない場合は15日以上 ・短時間労働者は11日以上
等級差確認	対象となる各月の報酬額の平均額（対象報酬が1か月分しない場合はその額）による標準報酬月額が従前の等級と1等級以上の差があるかを確認する。
届書作成	改定対象となる場合は「産前産後休業終了時報酬月額変更届」を記載し、事務センターへ提出する
保険料改定	標準報酬月額改定の決定通知書が送付されたら、改定月の翌月以降に支払われる報酬の社会保険料を改定後の等級に該当する保険料に変更する
月額特例申出	「厚生年金保険養育期間標準報酬月額特例申出書」および子との親族関係と子の養育を確認するため戸籍謄(抄)本と世帯の住民票を添付して事務センターへ提出する
特例の終了	標準報酬月額の特例が終了した場合は、「厚生年金保険養育期間標準報酬月額特例終了届」を事務センターへ提出する

36 育児休業終了時の改定

育児休業終了後の3か月間の報酬の平均額が、育児短時間勤務などで従前の等級より1等級でも低下した場合は、固定的報酬額の変動がなくとも標準報酬月額を改定できます。

▶ 育児休業終了時の改定

育休終了後の報酬 …育児休業終了後は、残業減少や短時間勤務などで固定的報酬が変動せずに報酬額が減少しても標準報酬月額と保険料は従前の高いままとなる

育休終了後の改定 …育児休業終了日に子を養育し次に該当する被保険者は固定的報酬に変動がなくとも休業終了後4か月目以降の標準報酬月額を改定できる
　　①従前の標準報酬月額と育休終了日の翌日が属する月以後3か月間の報酬の平均額による標準報酬月額との間に1等級以上の差がある（82頁図表3参照）
　　②3か月間のうち1か月は支払基礎日数が17日（短時間労働者は11日）以上あること。17日の月のない短時間就労者は15日以上の月があること

▶ 育児休業終了時の改定手続

育休終了後の手続 …育児休業終了時の改定は、休業終了後3か月経過後に「育児休業終了時報酬月額変更届」を事務センターへ提出する

▶ 育児休業終了時改定の標準報酬月額

標準報酬月額の適用 …改定月が1〜6月ならば当年8月まで、改定月が7〜12月ならば翌年8月まで適用される。随時改定があればその標準報酬月額となる

標準報酬月額の特例 …改定後の標準報酬月額が養育開始の前月の標準報酬月額を下回っても「厚生年金保険養育期間標準報酬月額特例申出書」を提出すると、子が3歳到達日翌日の属する月の前月までは従前の高い標準報酬月額で年金給付額を計算する。1年以内に被保険者でなかった場合は適用されない（82頁図表3参照）

特例の終了 …標準報酬月額の特例は次のいずれかの場合に終了する
　　①申出の子の死亡またはその子を養育しなくなったとき
　　②申出の子が3歳になった時又は被保険者でなくなったとき
　　③保険料が免除される新たな産前産後休業・育児休業を開始したとき

標準報酬月額の定時決定・随時改定・産休・育児休業終了時の改定　◀第5章

手続の流れ

報酬額の支払基礎日数を確認
育児休業終了日の翌日が属する月以後3か月間に受けた各月の報酬の支払基礎が次の日数以上あり改定対象となる報酬があるかを確認する
報酬が翌月払の場合は、最初に支払われた月は対象外となることがある
- 一般被保険者 17日以上
- 短時間就労者はいずれも17日以上の月がない場合は15日以上
- 短時間労働者は11日以上

等級差確認
対象となる各月の報酬額の平均額（対象報酬が1か月分しない場合はその額）による標準報酬月額が従前の等級と1等級以上差があるかを確認する。

届書作成
改定対象となる場合は「育児休業終了時報酬月額変更届」を記載し、事務センターへ提出する

保険料改定
標準報酬月額改定の決定通知書が送付されたら、改定月の翌月以降に支払われる報酬の社会保険料を改定後の等級に該当する保険料に変更する

月額特例申出
「厚生年金保険養育期間標準報酬月額特例申出書」および子との親族関係と子の養育を確認するため戸籍謄本（抄）と世帯の住民票を添付して事務センターへ提出する。

特例の終了
標準報酬月額の特例が終了した場合は、「厚生年金保険養育期間標準報酬月額特例終了届」を事務センターへ提出する。

●図表1：報酬に該当するもの、該当しないもの

①現実の労働対価と給与規程等に基づき使用者が通常支払うものは「報酬等」に該当する。病気欠勤中や休業中の手当も「報酬等」に該当する。雇用契約による食事、住宅等の現物給与も「報酬等」に含まれる。【例】賃金、給料、俸給、賞与、インセンティブ、通勤手当、扶養手当、管理職手当、休職手当、休業手当、給与等に上乗せて前払いされる退職手当等

②労働の対償でないものは「報酬等」に該当しない。【例】傷病手当金、労働者災害補償保険法に基づく休業補償、解雇予告手当、退職手当、内職収入、財産収入、適用事業所以外から受ける収入、使用者が恩恵的に支給する見舞金、結婚祝い金、餞別金、大入袋など

③事業主負担のものを被保険者が立て替え、その実費弁償を受ける場合は労働の対償とは認められないため「報酬等」に該当しない。【例】出張旅費、赴任旅費

●図表2：標準報酬月額の随時改定（等級が上限・下限の場合）

1等級でも改定される場合

		現在の標準報酬月額		3か月平均額	改定後の標準報酬月額	
降給	健保	50等級	1,390千円	1,355千円未満	49等級	1,330千円
	厚年	31等級	620千円	605千円未満	30等級	590千円
	健保	2等級	68千円	53千円未満	1等級	58千円
	厚年	2等級	98千円	83千円未満	1等級	88千円
昇給	健保	49等級	1,330千円	1,415千円以上	50等級	1,390千円
	厚年	30等級	590千円	635千円以上	31等級	620千円
	健保	1等級	58千円	63千円以上	2等級	68千円
	厚年	1等級	88千円	93千円以上	2等級	98千円

●図表3：育児休業終了時の標準報酬月額の改定

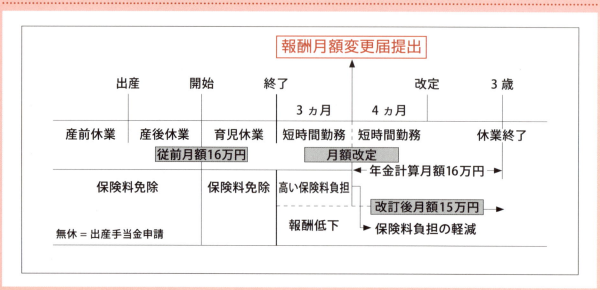

第6章

▶保険料の控除・控除終了・免除

37 社会保険料の控除	84
38 賞与の保険料	86
39 産前産後休業期間の社会保険料の免除	88
40 育児休業期間・法118条の社会保険料の免除	90
41 社会保険料の控除終了	92
42 雇用保険料	94
図表4：賞与の社会保険料	
図表5：産前産後休業期間の社会保険料免除の申出	96
図表6：育児休業期間の社会保険料免除の申出	

37 社会保険料の控除

事業主は、被保険者に支払う報酬から前月分の保険料を控除します。保険料が変更されたら、変更月の翌月に支払われる報酬から保険料を変更します。

▶ 社会保険料の控除

- **新規採用者** …資格取得時に決定された標準報酬月額に基づく健康・介護・厚生年金保険料を確認し、資格取得月の翌月以降に支払われる報酬より控除を開始する
- **4月以降の保険料** …健康保険と介護保険の料率が変更された3月以降の保険料を確認し、納付期限である4月以降に支払われる報酬から控除する
- **10月以降の保険料** …算定基礎届で決定された9月以降の標準報酬月額をもとに納付期限である10月以降に支払われる報酬から控除する社会保険料を確認する
- **随時改定の保険料** …固定的報酬額の変動に伴う随時改定があった場合は、改定月の翌月以降に支払われる報酬から控除する社会保険料を確認する
- **同一月取得喪失** …同一月に資格取得し喪失した場合は1か月分の社会保険料が徴収される

▶ 介護保険料

- **介護保険料** …40歳となる人及び40歳誕生日前日の属する月の翌月以降に支払われる報酬から控除する介護保険料を確認する
- **介護保険料変更** …介護保険料率が変更された3月以降の保険料を確認し、納付期限である4月以降に支払われる報酬から控除する

▶ 厚生年金保険料

- **厚生年金再加入** …同一月に厚生年金被保険者資格を取得喪失後に他の事業所で厚生年金被保険者資格を取得した場合は、再取得した厚生保険料を納付しその前に資格を取得喪失した厚生年金保険料は納付不要のため、年金事務所からこの通知が届いたら、控除した厚生年金保険料を還付請求し還付後に対象者に返還する。
- **国民年金再加入** …同一月に厚生年金被保険者資格を取得喪失後に国民年金に加入した場合は、国民年金保険料を納付しその前に資格を取得し喪失した厚生年金保険料は納付不要のため、年金事務所からこの通知が届いたら控除した厚生年金保険料を還付請求し還付後に対象者に返還する。
- **健康保険の還付** …同一月取得喪失の還付は厚生年金保険料であり健康保険料の還付はない

保険料の控除・控除終了・免除 ◀第6章

保険料控除の流れ

対象者確認

資格取得月の翌月に支払われる報酬から社会保険料を控除する
事例：15日締切り当月25日支払
・4月1日資格取得の場合
　4/1～4/15＝4月25日支払分から控除しない。雇用保険料は控除する
　4/16～5/15＝5月25日支払分より4月以降の社会保険料控除を開始する
事例：末日締切り翌月10日支払
・4月21日資格取得の場合
　4/21～4/30＝5月10日支払分より社会保険料、雇用保険料控除を開始

3月改定健康保険料

3月に変更された健康・介護保険料率の保険料は4月支払分より控除する
・20日締切り当月末日支払→3/21～4/20＝4月末日支払分より控除する
・末日締切り翌月末日支払→3/1～3/31＝4月末日支払分より控除する

標準報酬月額変更

変更月の翌月に支払われる報酬より変更後の保険料を控除する
事例：9月に標準報酬月額が変更された場合の保険料
事例：20日締切り当月末日支払→9/21～10/20＝10月末日支払分より控除する
事例：末日締切り翌月末日支払→9/1～9/30＝10月末日支払分より控除する

介護保険料

40歳となった月の翌月に支払われる報酬から控除する
事例：5月7日が40歳の誕生日の場合（5月6日が満40歳）
事例：20日締切り当月末日支払→5/21～6/20＝6月末日支払分より控除
事例：末日締切り翌月25日支払→5/1～5/31＝6月25日支払分より控除

厚生年金保険料返還

厚生年金保険料が還ってくる可能性のあるケースは、①同一月に厚生年金被保険者資格を取得喪失後にさらに同一月に他事業所で厚生年金に資格取得した場合又は②国民年金に加入した場合となる
　①同月内に他事業所で社会保険加入の事例
　　4月1日に社会保険資格取得→4月15日退職し16日社会保険資格喪失
　　4月21日に他事業所で社会保険を資格取得し厚生年金に加入した
　②同月内に国民年金加入（平成27年10月1日以降）の事例
　　5月1日社会保険資格取得→5月15日退職し16日社会保険資格喪失
　　5月16日に国民年金第1号被保険者となり国民年金保険料を納付した

38 賞与の保険料

賞与を支払うときは、被保険者の年齢ごとに控除する社会保険料と雇用保険料を確認してください。

▶ 社会保険料の対象となる賞与

対象となる賞与	…賞与とは名称を問わず労働の対償として被保険者に年3回以下支払われるものをいう。年4回以上支払われる賞与は標準報酬月額の対象となる。結婚祝金など恩恵的なものは対象外となる
産前産後休業者	…産前産後休業取得申出者は賞与の社会保険料は免除のため控除しない(39参照)
育児休業者	…育児休業取得申出者は賞与の社会保険料は免除のため控除しない(96頁図表4参照)
退職者	…資格喪失日の属する月に支払われた賞与からは社会保険料は控除しない

▶ 賞与の社会保険料

標準賞与額	…標準賞与額とは賞与支給総額の千円未満を切捨てた額。健康保険では年間573万円、厚生年金では1回当たり150万円を標準賞与額の上限額とする
健康保険料	…75歳以上の人は健康保険に加入しないため健康保険料を控除しない
健康保険料率	…賞与支払時点の健康保険料率（毎月の保険料率と同じ）を確認する
厚生年金保険料	…70歳以上の人は厚生年金に加入しないため厚生年金保険料を控除しない
厚生年金保険料率	…賞与支払時点の厚生年金保険料率（毎月の保険料率と同じ）を確認する
介護保険料	…介護保険料を控除しない40歳未満と65歳以上の人を確認する
介護保険料率	…賞与支払時点の介護保険料率（毎月の保険料率と同じ）を確認する

▶ 賞与支払届

賞与支払届	…被保険者に賞与を支払ったら5日以内に賞与支払届を事務センターへ提出する。上限額を超えても支給総額をそのまま記載する
同月の複数支払	…同一月内に2回以上支払われた賞与は最後の支払日に合算額を記載する
賞与支払無し	…支払予定月に支払わなければ賞与支払届総括表の不支給に○をつけ提出する
70歳以上の人	…70歳以上の人に賞与を支払ったら70歳以上被用者賞与支払届を提出する

▶ 雇用保険料の対象となる賞与

被保険者確認	…雇用保険料控除の対象となる被保険者を確認する
高年齢被保険者	…保険料免除となる4月1日に64歳以上の高年齢被保険者を確認する
雇用保険料	…雇用保険被保険者に賞与を支給する場合は、支払時点の事業の種類ごとの雇用保険料率（賃金と同じ保険料率）を確認し次の雇用保険料を控除する「賞与支給総額×被保険者負担雇用保険料率（事業の種類で異なる）」

保険料の控除・控除終了・免除 ◀第6章

賞与支払時の手続の流れ

● 社会保険料

被保険者の確認

賞与が支払われる被保険者の年齢と控除する社会保険料を確認する
① 40歳未満＝健康保険料、厚生年金保険料
② 40歳～65歳未満＝健康保険料、介護保険料、厚生年金保険料
③ 65歳～70歳未満＝健康保険料、厚生年金保険料
④ 70歳～75歳未満＝健康保険料
⑤ 75歳以上＝控除する社会保険料はなし

賞与の保険料

賞与の支給総額の1,000円未満を切り捨てた標準賞与額にそれぞれ次の保険料率を乗じて保険料を算出する
健康保険料＝標準賞与額×健康保険の折半料率（支給日の料率確認）
介護保険料＝標準賞与額×介護保険の折半料率（支給日の料率確認）
厚生年金保険料＝標準賞与額×厚生年金保険の折半料率（支給日の料率確認）

賞与支払届

被保険者に賞与を支払ったら、「被保険者賞与支払届　総括表」と「被保険者賞与支払届」を記載して事務センターへ提出する

70歳以上

70歳以上の人は「70歳以上被用者　算定基礎・月額変更・賞与支払届」も記載して事務センターへ提出する。

保険料の納付

賞与支払届の提出後、その月または翌月の月末納付の社会保険料に本人及び事業所負担分の賞与の社会保険料が加算される

● 雇用保険料

被保険者の確認

● 賞与が支払われる雇用保険被保険者を確認する
● 保険料免除される4月1日に64歳以上の高年齢被保険者を確認する

雇用保険料

雇用保険被保険者に賞与を支給する場合は、支払時点の事業の種類ごとの雇用保険料率（賃金と同じ保険料率）を確認し次の雇用保険料を控除する
「賞与支給総額×被保険者負担雇用保険料率（事業の種類で異なる）」

雇用保険料納付

預かった被保険者の雇用保険料は労働保険料の納付時に納付する

39 産前産後休業期間の社会保険料の免除

産前産後休業期間の社会保険料は、申し出ることにより免除されます。年金給付額では免除期間は保険料を納付した期間として計算されます。

▶ 産前産後休業期間の社会保険料免除

- **産休時の免除**…産前42日間と産後56日間の産前産後休業期間中の社会保険料は、申し出ることにより事業主・被保険者負担分ともに免除される。事業主や役員等でも免除される
- **産休の免除期間**…産前産後休業期間中の社会保険料の免除期間は、産前休業開始日の属する月から、産後休業終了日翌日の属する月の前月分までとなる
- **予定日の免除期間**…実出産日の前に申し出た出産予定日をもとにした社会保険料の免除期間は、出産予定日の42日前の産前休業開始日から出産予定日後56日目の産後休業終了日翌日の属する月の前月分までとなる
- **免除期間の変更**…実出産日が出産予定日と異なる場合は、実出産日の前に申し出た産前産後休業期間が変更されるため、実出産後に産前産後休業期間の変更を申し出る。実出産日が予定日より遅れた場合はその期間の社会保険料も免除の対象となる
- **賞与保険料の免除**…産前休業開始日の属する月からから産後休業終了日翌日の属する月の前月までに支払われた賞与の社会保険料は免除される (38 参照)

▶ 社会保険料の免除申出

- **出産前の申出**…産前産後休業する場合は出産予定日の42日前と予定日後56日間の休業期間中に「産前産後休業取得者申出書A」を事務センターへ提出する (96 頁図表5参照)
- **出産後の申出**…実際の出産日が予定日と異なる場合は、産前産後休業期間が変わるため変更後の休業期間を記載した「産前産後休業取得者変更(終了)届B」を提出する
- **予定日の出産**…出産予定日と同じ日に出産した場合は取得者申出書の他の届出は必要ない
- **出産後申出**…産後に産前42日産後56日間の「産前産後休業取得者申出書A」を提出する
- **産休終了申出**…産後休業終了予定日前に産後休業を終了した場合は、産後休業終了日を記載した「産前産後休業取得者変更(終了)届B」を提出する

保険料の控除・控除終了・免除 ◀第6章

手続の流れ

産前42日確認	出産手当金の支給される産前42日前の日と産前休業開始日を確認	CHECK!! ✓
産前休業の申出	出産予定日の前42日目以降に開始した産前休業期間中に「産前産後休業期間取得者申出書」を事務センターへ提出する	CHECK!! ✓
給与計算の保険料	産前休業開始日の属する月から産後休業終了日翌日の属する月の前月分までの社会保険料は免除されるため、給与計算の際は該当月以降の社会保険料を控除しない。免除期間中に支払われた賞与の社会保険料も免除される	CHECK!! ✓
実出産後の申出	実出産日が予定日と異なる場合は、産前産後休業期間の変更を申し出る 母子健康手帳の出産日記載ページのコピーを添付する	CHECK!! ✓
育児休業の確認	出産日後56日間の産後休業期間終了後の育児休業の取得と希望する育児休業期間の意向を確認する。	CHECK!! ✓
育児休業の申出	産後休業終了後に引き続いて育児休業を取得する場合は「育児休業期間取得者申出書」を事務センターへ提出する	CHECK!! ✓
育児休業意向なし	育児休業の取得意向がない場合は次の制度の意向を確認する ①育児短時間勤務とその期間　②所定外労働の制限とその期間 ③時間外労働の制限とその期間　④深夜業の制限とその期間	CHECK!! ✓
産休終了時の改定	産後休業終了後に出勤し3ヵ月経過後に標準報酬月額の改定がある場合は、「産前産後休業終了時報酬月額変更届」を事務センターへ提出する（35参照）	CHECK!! ✓
標準報酬特例申出	産後休業終了後は、「被保険者養育期間標準報酬月額特例申出書」を事務センター提出する。特例措置は申出から2年間適用される	CHECK!! ✓

40 育児休業期間・法118条の社会保険料の免除

育児休業期間の社会保険料は、申し出ることにより免除されます。年金給付額では免除期間は保険料を納付した期間として計算されます。

▶ 育児休業期間の社会保険料免除

- **事業主・役員** …育児休業を取得できるのは賃金を支払われる労働者のため、法令の育児休業が取得できない事業主や役員などは申出できず社会保険料は免除されない
- **育児休業時の免除** …子が3歳（母親は産後57日目以降）になるまでの育児休業期間中の社会保険料は申し出ることにより事業主・被保険者負担分ともに免除される
- **育休の免除期間** …育児休業期間中の社会保険料の免除期間は、育児休業開始日から育児休業終了日翌日の属する月の前月分までとなる
- **賞与の免除** …育児休業開始日の属する月から育児休業終了日翌日の属する月の前月中に支払われた賞与の社会保険料は免除される（96頁図表6参照）

▶ 社会保険料の免除申出

- **免除の申出** …育児休業期間の社会保険料免除を受けるには、休業期間中に「育児休業等取得者申出書（新規・延長）」を、休業期間を変更または予定日前に終了する場合は「育児休業等取得者終了届」を事務センターへ提出する（96頁図表6参照）
- **免除申出手続** …育児休業期間の社会保険料免除の申出手続は、被保険者が次の4つの育児休業等を取得する度に、事業主がその育児休業期間中に申出書を提出する
    - ①1歳（母親は産後57日目以降）に満たない子を養育するための育児休業
    - ②1歳から1歳6か月に達するまでの子を養育するための育児休業
    - ③1歳6か月から2歳に達するまでの子を養育するための育児休業
    - ④1歳（②の場合は1歳6ヶ月、③の場合は2歳）から3歳に達するまでの子を養育するための育児休業の制度に準ずる措置による休業

▶ 健康保険料の免除

- **健康保険料の免除** …前月より継続した健康保険の被保険者が次のいずれかに該当した場合は、該当した月から該当しなくなった月の前月までの健康保険料が免除される
    - ①少年院に収容されたとき
    - ②刑事施設・労役場その他の準ずる施設に拘禁されたとき
- **法118条の届出** …健康保険料の免除に該当又は不該当となる場合は、「健康保険法第118条第1項・該当・不該当届」を事務センターに提出する

保険料の控除・控除終了・免除　◀第6章

手続の流れ

● 社会保険料

| 育児休業の申出 | 育児休業を開始したら「育児休業期間取得者申出書（新規・延長）」を事務センターへ提出する |

| 給与計算の保険料 | 育児休業開始日の属する月から育児休業終了日翌日の属する月の前月分までの社会保険料は免除されるため、該当月以降の社会保険料を控除しない。免除期間中に支払われた賞与の社会保険料も免除される（96頁図表4参照） |

| 育児休業期間変更 | 育児休業期間の社会保険料免除は4つあり、①②③の休業期間を終了後にさらに育児休業を延長する場合はその度に「育児休業期間取得者申出書（新規・延長）」申出書を提出する。（満年齢は誕生日前日） |

| 育児休業終了 | 育児休業期間を申し出た予定日の前に終了するときは「育児休業等取得者終了届」を提出する |

| 育休終了時の改定 | 育児休業終了後に出勤してから、3か月経過後に標準報酬月額の改定がある場合は、「育児休業終了時報酬月額変更届」を提出する（36参照） |

| 標準報酬特例申出 | 「被保険者養育期間標準報酬月額特例申出書」を提出する |

● 健康保険料の免除

| 健康保険料の免除 | 前月より継続した健康保険の被保険者が次に該当したか確認する
①少年院に収容されたとき
②刑事施設・労役場その他の準ずる施設に拘禁されたとき |

| 法118条の届出 | 該当した場合は「健康保険法第118条第1項・該当・不該当届」を事務センターに提出する |

41 社会保険料の控除終了

社会保険料は、資格喪失日の属する月の分から徴収は終了します。資格喪失日は退職日・死亡日の翌日となります。

▶ 退職の場合の社会保険料の控除終了

退職月の保険料 …社会保険の被保険者資格喪失日は退職日・死亡日の翌日となる。資格喪失日の属する月の社会保険料は徴収されない。月末日に退職した場合は翌月初日が資格喪失日となり、月末退職日の属する月の社会保険料は徴収され、資格喪失日の属する翌月は徴収されない

2か月分控除 …被保険者が月の途中で退職した場合は、退職月の前月分の保険料を退職月の報酬から控除する。報酬の締切日が月末日で支払日が当月25日の前払の場合に月末に退職した場合は、退職月の前月と退職月の2か月分の保険料を退職月の給与から控除できる

賞与の社会保険料 …資格喪失日の属する月に支払われた賞与からは社会保険料を控除しない。12月20日に退職した場合の資格喪失日は12月21日となり12月10日に支払われる賞与からは社会保険料は控除しない （38 参照）

▶ 65歳、70歳、75歳の社会保険料控除の終了

社会保険の満年齢 …社会保険では、満年齢に達した日とは誕生日の前日となる
介護保険料控除終了 …65歳誕生日前日の属する月の翌月以降から介護保険料が控除終了
厚年保険料控除終了 …70歳誕生日前日の属する月の翌月以降から厚生年金保険料が控除終了
健康保険料控除終了 …75歳誕生日当日の属する月の翌月以降から健康保険料が控除終了

▶ 雇用保険料の控除終了

雇用保険料 …雇用保険料は、被保険者に賃金・賞与を支払うごとに控除するが、賃金・賞与が支払われない場合は雇用保険料も控除されない。
高年齢被保険者 …4月1日に64歳以上の雇用保険被保険者の雇用保険料は、平成31年3月以前に支払われる賃金分は免除される

保険料の控除・控除終了・免除 ◀第6章

手続の流れ

| 資格喪失日の確認 | 資格喪失日の属する月の社会保険料は控除しないため資格喪失日を確認する
事例：被保険者が5月31日退職→資格喪失日は6月1日
・毎月の報酬＝15日締切り当月末日支払の場合
　　4/16〜5/15→5/31支払分から4月分と雇用保険料を控除する
　　5/16〜5/31→6/30支払分から5月分と雇用保険料を控除する
・末日締切り翌月末日支払
　　5/1〜5/31→6/30支払分から5月分と雇用保険料を控除する
事例：被保険者が5月30日退職→資格喪失日は5月31日
・毎月の報酬＝15日締切り当月末日支払の場合
　　4/16〜5/15→5/31支払分より4月分と雇用保険料を控除する
　　5/16〜5/30→6/30支払分から控除なし。雇用保険料を控除する
・末日締切り翌月末日支払の場合
　　5/1〜5/30→6/30支払分から控除なし。雇用保険料は控除する
事例：被保険者が7月31日退職→資格喪失日は8月1日
・毎月の報酬＝月末締切り当月25日支払の前払いの場合
　　7/1〜7/31→7/25支払分より6月7月分と雇用保険料を控除する | CHECK!! |

| 賞与の保険料 | 12/1　　12/10賞与支給　　12/20退職　　12/21資格喪失
―――――――――――――――――――――――――
12/10支払の賞与の社会保険料は控除しない、雇用保険料は控除する | CHECK!! |

| 70歳の厚年保険料 | 70歳となった日(誕生日前日)の月の翌月の報酬から控除しない
事例：11月3日が70歳の誕生日の場合（11月2日が70歳）
・毎月の報酬＝10日締切り当月25日支払の場合
　　10/11〜11/10→11月25日支払分より10月分の厚年保険料を控除する
・毎月の報酬＝末日締切り翌月10日支払の場合
　　11/1〜11/30→12月10日支払分より厚年保険料の控除なし | CHECK!! |

42 雇用保険料

雇用保険料は、被保険者に賃金・賞与を支払うごとに控除します。4月1日に64歳以上の高年齢被保険者は平成31年3月までは免除されます。

▶ 雇用保険料の控除対象者

- **被保険者確認** …雇用保険に加入している被保険者を確認する。
- **脱退者の確認** …役員就任や労働時間・日数の減少による雇用保険の資格喪失者を確認する
- **高年齢被保険者** …4月1日に64歳以上の高年齢被保険者は平成31年3月までは雇用保険料が免除されるため、控除しない
- **年度途中64歳** …4月1日から翌年3月31日までの保険年度途中に64歳となった高年齢被保険者は、平成31年3月までは翌年（1月～3月までは当年）の4月以降の賃金から雇用保険料が免除される

▶ 雇用保険料の計算

- **雇用保険料** …雇用保険被保険者の4月以降の賃金から控除する被保険者負担分の雇用保険料率を確認する
  - ・一般事業の雇用保険料＝賃金総額×一般事業の被保険者負担雇用保険料率
  - ・建設事業の雇用保険料＝賃金総額×建設事業の被保険者負担雇用保険料率
  - ・農林水産業の雇用保険料＝賃金総額×農林水産業の被保険者負担雇用保険料率
- **賞与の雇用保険料** …雇用保険者の被保険者に賞与を支給する場合は、賃金と同じ事業の種類ごとの雇用保険料率を支給総額に乗じた雇用保険料を控除する
  「被保険者の賞与支給総額×被保険者負担雇用保険料率（事業の種類で異なる）」

▶ 雇用保険料の控除

- **雇用保険料控除** …社会保険と異なり雇用保険料は賃金・賞与が支給される度に控除する
- **雇用保険料納付** …控除し預かった雇用保険料は、年1回又は3回で納付する労働保険料として納付する
- **労働保険料納付** …労働保険料（雇用保険分）＝事業所の法定福利費＋被保険者の雇用保険料預り金

保険料の控除・控除終了・免除 ◀第6章

雇用保険料の控除の流れ

●雇用保険料の控除

| 被保険者確認 | 雇用保険の被保険者である人を確認する | CHECK!! |

| 高年齢被保険者確認 | H31/3 まで免除となる高年齢被保険者を確認する | CHECK!! |

| 雇用保険料率確認 | 4/1 現在の該当する業種ごとの雇用保険料率を確認する | CHECK!! |

| 雇用保険料計算 | ●被保険者に賃金・賞与を支払うごとに雇用保険料を計算し控除する
●控除した雇用保険料の額を給与明細などで明示する | CHECK!! |

| 雇用保険料の納付 | 預かった雇用保険料は年1回又は3回で納付する労働保険料として納付する | CHECK!! |

労働保険料のワンポイント

労働保険とは労働者災害補償保険（労災保険）と雇用保険を総称した言葉であり、保険給付は両保険で別個に行いますが、保険料は両保険を「労働保険」として一元的に取り扱います。建設業や農林水産業等では、適用方法の違いから労災保険と雇用保険をそれぞれ別個に二元的に取り扱います。労災保険料には労働者負担はなく事業主が全額負担します。

労働保険の年度更新

労働保険料は、事業主が年度当初に概算で申告・納付し、翌年度に確定申告により精算し、前年度の確定保険料と当年度の概算保険料を併せて申告・納付します。これを「年度更新」といい、例年6月1日から7月10日までに、労働基準監督署、都道府県労働局で手続を行います。

● 図表4：賞与の社会保険料

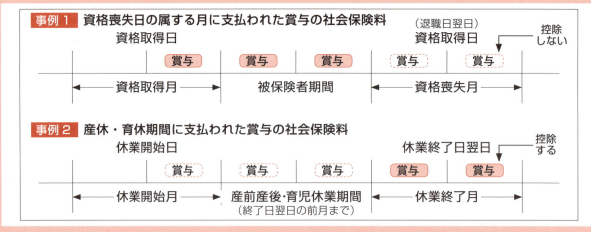

● 図表5：産前産後休業期間の社会保険料免除の申出

● 図表6：育児休業期間の社会保険料免除の申出

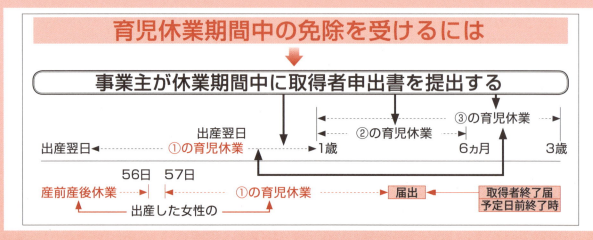

第7章
▶ 老齢・障害・遺族年金

43 国民年金の加入と老齢基礎年金	98
44 老齢厚生年金	100
45 障害年金	102
46 遺族年金	104
図表7: 国民年金・厚生年金の被保険者と受給する年金	106
図表8: 特別支給の老齢厚生年金の支給開始年齢	

43 国民年金の加入と老齢基礎年金

国内に住所を有する20歳以上60歳未満の人は国民年金に加入し第1号被保険者となります。

▶ 被保険者と基礎年金番号

被保険者 …国民年金に加入する人は次のいずれかの被保険者となる
- ●第1号被保険者＝国内に住所を有する20歳以上60未満の自営業者や無職の人、学生などをいい、毎月自ら国民年金保険料を納付しなければならない
- ●第2号被保険者＝厚生年金被保険者は同時に国民年金第2号被保険者となる。国民年金保険料は厚生年金保険料に含まれる
- ●第3号被保険者＝20歳以上60歳未満の第2号被保険者の被扶養配偶者であり直接国民年金保険料は納付せず、厚生年金全体で負担する

受給する年金 …国民年金被保険者の受給する年金は次の年金となる（106頁図表7参照）
　第1・3号被保険者＝老齢基礎年金、障害基礎年金、遺族基礎年金
　第2号被保険者＝老齢・障害・遺族基礎年金と上乗せされる厚生年金

基礎年金番号 …基礎年金番号は被保険者が生涯使用するもので、20歳未満の厚生年金加入者と20歳となる第1・3号被保険者に基礎年金番号の年金手帳が交付される

▶ 老齢基礎年金

老齢基礎年金 …国民年金は原則20歳から60歳まで加入し65歳から老齢基礎年金を受給する

受給資格 …老齢基礎年金の受給資格期間は、保険料納付済期間等（国民年金保険料納付済・免除期間、合算対象期間、厚生年金期間）が10年以上必要となる

合算対象期間 …国民年金任意加入期間を任意加入しなかった期間(S36/4～S61/3)等の合算対象期間は受給資格期間に算入できるが、年金額には反映しない

老齢基礎年金額 …老齢基礎年金額は、保険料納付済月数が480月あると満額の年金額となる
被保険者ごとの保険料の納付済月数や免除月数に応じて年金額は異なる

支給開始年齢 …老齢基礎年金の支給開始年齢は65歳だが65歳前に減額して支給される繰上げ支給と65歳後に増額して支給される繰下げ支給の制度も選べる
- ●繰上支給＝60歳以降の繰上げた期間1か月当たり0.5％減額されて支給する
- ●繰下支給＝65歳以降の繰下げた期間1か月当たり0.7％増額されて支給する

第7章 老齢・障害・遺族年金

● 国民年金と厚生年金の加入

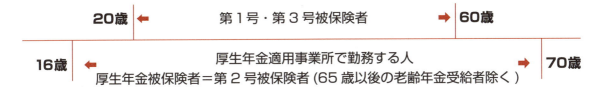

● 老齢基礎年金の支給額（平成29年度）

● 繰上げ請求と減額率

繰上げを請求すると繰上げ請求月から65歳になる月の前月までの月数により年金額が減額される

請求時の年齢	請求月から65歳になる月の前月までの月数	減額率（支給率） （1か月あたり 0.5%）
60歳0ヵ月〜60歳11ヵ月	60ヵ月〜49ヵ月	30.0%(70)〜24.5%(75.5)
61歳0ヵ月〜61歳11ヵ月	48ヵ月〜37ヵ月	24.0%(76)〜18.5%(81.5)
62歳0ヵ月〜62歳11ヵ月	36ヵ月〜25ヵ月	18.0%(82)〜12.5%(87.5)
63歳0ヵ月〜63歳11ヵ月	24ヵ月〜13ヵ月	12.0%(88)〜 6.5%(93.5)
64歳0ヵ月〜64歳11ヵ月	12ヵ月〜 1ヵ月	6.0%(94)〜 0.5%(99.5)

● 繰下げ請求と増額率

繰下げ請求すると65歳になった月から繰下げの申出を行った月の前日までの月数で増額される

請求時の年齢	増額率（1月当たり 0.7%）
66歳0ヵ月〜66歳11ヵ月	108.4%〜116.1%
67歳0ヵ月〜67歳11ヵ月	116.8%〜124.5%
68歳0ヵ月〜68歳11ヵ月	125.2%〜132.9%
69歳0ヵ月〜69歳11ヵ月	133.6%〜141.3%
70歳0ヵ月〜	142%

44 老齢厚生年金

本来の老齢厚生年金は65歳から支給されますが、特別支給の老齢厚生年金は生年月日に応じて65歳前からでも減額されずに支給されます。

▶ 特別支給の老齢厚生年金

- **特別支給の年金額** …生年月日に応じて65歳前から支給される特別支給の老齢厚生年金の支給額は次のAとBで算出した額の合算額となる。aとbの率は昭和21年3月以前生まれの人は生年月日に応じて変わる（106頁図表8参照）
  - A：H15/3までの被保険者期間＝平均標準報酬月額×7.125a×被保険者月数
  - B：H15/4以降の被保険者期間＝平均標準報酬額×5.481b×被保険者月数
- **平均標準報酬月額** …H15/3までの全被保険者期間の「標準報酬月額の総額÷被保険者期間月数」
- **平均標準報酬額** …H15/4以降の全被保険者期間の「（標準報酬月額の総額＋標準賞与額の総額）÷被保険者期間月数」
- **再評価** …過去の標準報酬月額と標準賞与額は最近の賃金と物価反映のため再評価する

▶ 65歳以降の老齢厚生年金

- **本来の老齢年金** …65歳からは本来の老齢基礎年金（43参照）と老齢厚生年金が併せて支給される
- **老齢厚生年金額** …特別支給の老齢厚生年金と同じAとBの額に次の額を加算した額となる
  65歳以降の本来の老齢厚生年金額＝Aの額＋Bの額＋経過的加算額
- **経過的加算額** …20歳未満や60歳以降の厚生年金被保険者期間を年金額に反映する金額
- **配偶者加給年金** …次の老齢厚生年金受給者が65歳から配偶者が65歳になるまで加算する
  ①受給権者の厚生年金被保険者期間が240月以上ある
  ②65歳未満で年収850万円未満の配偶者がある
  ③配偶者は240月以上加入した老齢厚生年金を受給していない

▶ 在職老齢年金

- **65歳までの在職老齢年金** …特別支給の老齢厚生年金は65歳前でも支給されるが、受給者が被保険者の場合は、基本月額と報酬額に応じて年金額が支給調整されることがある
- **65歳以降の在職老齢年金** …65歳以降の受給者が被保険者の場合は、老齢基礎年金は必ず全額が支給され、老齢厚生年金は基本月額と報酬額に応じて支給調整されることがある
- **基本月額** …特別支給の老齢厚生年金額、本来の老齢厚生年金の12分の1の額
- **総報酬月額** …在職老齢年金は、標準報酬月額と過去1年間の標準賞与額合計額の12分の1の額との合計額である総報酬月額相当額と基本月額を基に支給額を調整する

老齢・障害・遺族年金 第7章

65歳までの在職老齢年金の支給額

①総報酬月額相当額＋基本月額＝28万円以下→老齢厚生年は全額が支給
②総報酬月額相当額46万円以下、基本月額28万円以下の場合→（総報酬月額相当額＋基本月額）が28万円を超える場合は超えた額の1/2が支給停止される
③総報酬月額相当額が46万円を超え、基本月額28万円以下の場合→（総報酬月額相当額＋基本月額－28万円）×1/2の額と(総報酬月額相当額－46万円)の額が支給停止される

● 65歳前の在職老齢年金早見表

平成29年4月以降

総報酬月額相当額	被保険者として在職中の老齢厚生年金 年金月額										
	3万	5万	7万	8万	10万	12万	14万	15万	16万	18万	20万	22万
9.8万	3.0万	5.0万	7.0万	8.0万	10.0万	12.0万	14.0万	15.0万	16.0万	18.0万	19.1万	20.1万
12.6万	3.0万	5.0万	7.0万	8.0万	10.0万	12.0万	14.0万	15.0万	15.7万	16.7万	17.7万	18.7万
14.2万	3.0万	5.0万	7.0万	8.0万	10.0万	12.0万	13.9万	14.4万	14.9万	15.9万	16.9万	17.9万
15.0万	3.0万	5.0万	7.0万	8.0万	10.0万	12.0万	13.5万	14.0万	14.5万	15.5万	16.5万	17.5万
16.0万	3.0万	5.0万	7.0万	8.0万	10.0万	12.0万	13.0万	13.5万	14.0万	15.0万	16.0万	17.0万
17.0万	3.0万	5.0万	7.0万	8.0万	10.0万	11.5万	12.5万	13.0万	13.5万	14.5万	15.5万	16.5万
18.0万	3.0万	5.0万	7.0万	8.0万	10.0万	11.0万	12.0万	12.5万	13.0万	14.0万	15.0万	16.0万
20.0万	3.0万	5.0万	7.0万	8.0万	9.0万	10.0万	11.0万	11.5万	12.0万	13.0万	14.0万	15.0万
22.0万	3.0万	5.0万	6.5万	7.0万	8.0万	9.0万	10.0万	10.5万	11.0万	12.0万	13.0万	14.0万
24.0万	3.0万	4.5万	5.5万	6.0万	7.0万	8.0万	9.0万	9.5万	10.0万	11.0万	12.0万	13.0万
26.0万	2.5万	3.5万	4.5万	5.0万	6.0万	7.0万	8.0万	8.5万	9.0万	10.0万	11.0万	12.0万
28.0万	1.5万	2.5万	3.5万	4.0万	5.0万	6.0万	7.0万	7.5万	8.0万	9.0万	10.0万	11.0万
30.0万	0.5万	1.5万	2.5万	3.0万	4.0万	5.0万	6.0万	6.5万	7.0万	8.0万	9.0万	10.0万
32.0万		0.5万	1.5万	2.0万	3.0万	4.0万	5.0万	5.5万	6.0万	7.0万	8.0万	9.0万
34.0万			0.5万	1.0万	2.0万	3.0万	4.0万	4.5万	5.0万	6.0万	7.0万	8.0万
36.0万					1.0万	2.0万	3.0万	3.5万	4.0万	5.0万	6.0万	7.0万
38.0万						1.0万	2.0万	2.5万	3.0万	4.0万	5.0万	6.0万
41.0万							0.5万	1.0万	1.5万	2.5万	3.5万	4.5万
44.0万	全額支給停止									1.0万	2.0万	3.0万
47.0万												
50.0万												

（単位：円）

65歳以降の在職老齢年金の支給額

①老齢基礎年金額は在職中の報酬額にかかわらず全額が支給される
②総報酬月額相当額＋基本月額が46万円以下→老齢厚生年金は全額が支給される
③総報酬月額相当額＋基本月額が46万円超の場合→超えた額の1/2の額が支給停止される

● 65歳以降の在職老齢年金早見表

平成29年4月以降

総報酬月額相当額	被保険者として在職中の老齢厚生年金 年金月額											
	2万	3万	4万	5万	6万	7万	8万	9万	10万	11万	12万	13万
9.8万〜30.0万	全額支給											
32.0万												
34.0万												12.5万
36.0万										10.5万	11.0万	11.5万
38.0万								8.5万	9.0万	9.5万	10.0万	10.5万
41.0万					5.5万	6.0万	6.5万	7.0万	7.5万	8.0万	8.5万	9.0万
44.0万		2.5万	3.0万	3.5万	4.0万	4.5万	5.0万	5.5万	6.0万	6.5万	7.0万	7.5万
47.0万	0.5万	1.0万	1.5万	2.0万	2.5万	3.0万	3.5万	4.0万	4.5万	5.0万	5.5万	6.0万
50.0万				0.5万	1.0万	1.5万	2.0万	2.5万	3.0万	3.5万	4.0万	4.5万
53.0万							0.5万	1.0万	1.5万	2.0万	2.5万	3.0万
58.0万										0.5万	1.0万	1.5万
59.0万	全額支給停止											
62.0万												
65.0万												

※老齢厚生年金額とは、老齢基礎年金と経過的加算額および加給年金を除いた額です。

45 障害年金

被保険者期間中に生じた傷病による障害認定日の障害の状態が障害等級に該当すれば、障害厚生年金が支給されます。

▶ 障害基礎年金と障害厚生年金

障害年金 …厚生年金被保険者は国民年金第2号被保険者でもあるため1級2級の障害基礎年金と障害厚生年金が同時に支給されるが3級は障害厚生年金だけとなる

受給要件 …障害厚生年金の支給要件は次のすべてを満たすことが必要となる
①障害が生じた傷病の初診日が厚生年金被保険者期間中にあること
②初診日から1年6か月後の障害認定日の障害の状態が障害等級に該当すること
③初診日の前々月までの保険料未納期間が1/3以上ないこと。ただし、平成38年3月までは初診日の前々月までの1年間に保険料未納期間がないこと

事後重症制度 …障害認定日に障害等級に該当しない場合でも、その後65歳になるまでに障害の状態が悪化して障害等級に該当するようになった場合に支給する制度

▶ 障害基礎年金・障害厚生年金額

障害基礎年金 …障害基礎年金額は、障害等級と18歳未満の子の人数に応じて次の額となる
● 1級＝年額974,125円＋子の加算額（※いずれの金額もH29年度の額）
● 2級＝年額779,300円＋子の加算額
● 子の加算額＝第1・2子は年額224,300円、第3子以降は年額74,800円

障害厚生年金 …障害厚生年金額は障害等級に応じて次の額となる
● 1級＝（A+B）× 1.25 ＋配偶者加給年金
● 2級＝（A+B）＋配偶者加給年金
● 3級＝（A+B）最低保障額584,500円（厚生年金だけの制度）

被保険者期間 …被保険者月数が300月未満の場合は「(A + B) × 300/ 全被保険者数」とする

年金計算式参照 …AとBは老齢厚生年金（44 参照）と同じ計算方法となるが7.125aと5.481bは固定される

配偶者加給年金 …年収850万円未満で65歳未満の配偶者がある場合に加算される

▶ 障害手当金（厚生年金だけの制度）

障害手当金 …厚生年金被保険者期間中に初診日のある傷病が初診日から5年以内に治り、障害の状態が該当すると支給される。ただし、保険料納付要件が必要となる

支給額 …障害厚生年金のAとBの計算式をもとに次の計算式で支給額を算出する障害手当金額＝（A+B）× 2（最低保障額1,169,000円 H29年度の額）

第7章 老齢・障害・遺族年金

障害年金請求手続の流れ

初診日確認	障害を生じた傷病の初診日が厚生年金被保険者期間中にあるかどうかを確認する。業務・通勤途上災害は労災保険の障害年金も検討する
障害等級確認	初診日から1年6か月経過時又はその前に治癒した場合は、その障害認定日の障害の状態が障害等級に該当するか医師に相談する
保険料納付要件	初診日の前々月まで又はH38/3までの保険料納付要件を満たすか確認する
障害状況の確認	障害の部位を確認し、障害年金の請求書と障害の種類に応じた診断書と病歴・就労状況申立書を年金事務所から取り寄せる
初診日と障害認定	初診日と障害認定日で診療を受けた医療機関が異なる場合はそれぞれの医師から2部の診断書に初診日と障害認定日の診断書を証明してもらう
被保険者期間	請求者の職歴と被保険者期間が年金機構の記録と整合するか確認する
病歴・就労状況	病歴・就労状況申立書に病歴と日常生活に関する初診日および、その後の経過状況、障害認定日の状況や困っていることを詳しく記載する
添付書類確認	障害年金の請求に必要な次の添付書類を用意する ①年金手帳（配偶者があれば配偶者の分も）、②戸籍謄本、 ③世帯の住民票、④配偶者の所得証明書、⑤年金証書（年金受給者の場合） ⑥預金通帳又はキャッシュカードのコピー
請求書提出	必要事項を記載した請求書と添付書類を傷病の初診日に加入していた年金事務所へ提出する。

46 遺族年金

18 歳未満の子とその子のある配偶者は遺族基礎年金と遺族厚生年金が支給され、その他の受給権者は遺族厚生年金だけが支給されます。

▶ 遺族基礎年金と遺族厚生年金

遺族年金 …厚生年金の被保険者は国民年金第 2 号被保険者でもあるため 18 歳未満の子又はその子のある配偶者には遺族基礎年金と遺族厚生年金が同時に支給されるが、その他の受給権者には遺族基礎年金はなく遺族厚生年金だけが支給される

受給要件 …遺族厚生年金が支給されるのは次のいずれかの場合となる
①厚生年金被保険者が亡くなった場合(短期要件①)
②厚生年金被保険者だった人が被保険者資格の喪失後に、被保険者期間中に初診日のある傷病により 5 年以内に死亡した場合(短期要件②)
③ 1 級 2 級の障害厚生年金の受給権者が亡くなった場合(短期要件③)
④老齢厚生年金の受給資格期間が 25 年以上ある人が亡くなった場合(長期要件)

保険料納付要件 …死亡日の前々月までの保険料未納期間が 1/3 以上ないこと。ただし、平成 38 年 3 月までは死亡日の前々月までの 1 年間に保険料未納期間がないこと

受給資格者 …遺族厚生年金の受給権者は受給資格者の最先順位者となり、その受給権者が失権しても後順位者は受給権者となることはない

▶ 遺族基礎年金・遺族厚生年金額

遺族基礎年金 …遺族基礎年金額は 18 歳未満の子又は 18 歳未満の子のある配偶者の状況に応じて次の額となる
・子のある配偶者=年額 779,300 円+子の加算額(2 人目までは 224,300 円、3 人目以降は 1 人 74,800 円)
・子=年額 779,300 円(1 人目)+子の加算額(1 人目 224,300 円 3 人目以降は 1 人 74,800 円 ※いずれの金額も H29 年度の額)

遺族厚生年金 …遺族厚生年金の額は短期要件と長期要件に応じて次の額となる
・短期要件の遺族厚生年金= A の額 +B の額+中高齢寡婦加算
・長期要件の遺族厚生年金= A の額 +B の額

被保険者期間 …短期要件では被保険者月数が 300 月未満の場合は「(A + B)×300/ 全被保険者数」とする

年金計算式 …A と B の額は老齢厚生年(44 参照)と同じ計算方法となり、a と b の率は短期要件では固定される。長期要件では亡くなった人が昭和 21 年 3 月以前生れの場合は生年月日に応じて変わり、被保険者期間月数は実月数で計算する

老齢・障害・遺族年金 ◀ 第7章

遺族年金請求手続の流れ

要件確認	亡くなった人が遺族厚生年金のいずれかの短期要件又は長期要件のどれに該当するかを確認する

短期要件②	短期要件②の場合は、厚生年金被保険者だった人が資格喪失後に被保険者期間中に初診日のある傷病により5年以内に死亡したかを確認する

短期要件③	短期要件③に該当する場合は、亡くなった人が1級2級の障害厚生年金の受給者かどうかを確認する

長期要件	長期要件に該当する場合は、亡くなった人の保険料納付済・免除期間、合算対象期間の合計が25年以上あるか確認する

保険料納付	死亡日の前々月まで又はH38/3までの保険料納付要件を満たすか確認する

受給資格者	遺族厚生年金の次の受給資格者とその最先順位者は誰になるのか確認する 　第一順位＝配偶者・子　　第二順位＝父母 　第三順位＝孫（18歳未満か1・2級障害の20歳未満）　第四順位＝祖父母 　　※子・孫は18歳未満または1・2級の障害の状態にある20歳未満の場合 　　　夫・父母・祖父母は55歳以上で60歳まで支給停止。ただし、遺族基礎年金の受給権者の夫には支給される

添付書類確認	遺族年金の請求に必要な次の添付書類を用意する 　①受給権者の年金手帳、②戸籍謄本、③世帯の住民票、 　④受給権者の所得証明書、⑤年金証書（年金受給者の場合） 　⑥預金通帳又はキャッシュカードのコピー

請求書提出	必要事項を記載した請求書と添付書類を死亡日に加入していた年金事務所へ提出する。

● 図表7：国民年金・厚生年金の被保険者と受給する年金

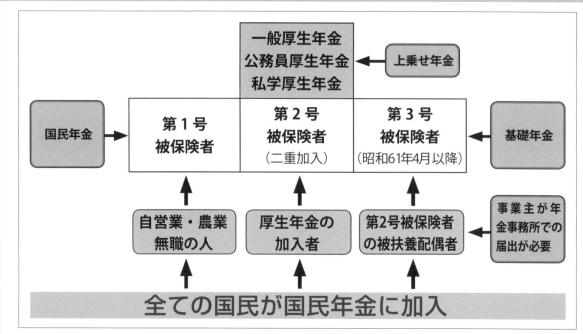

● 図表8：特別支給の老齢厚生年金の支給開始年齢

	生年月日	60歳	61歳	62歳	63歳	64歳	65歳
定額部分引上げ ↑↓	男：昭和16年4月1日以前 女：昭和21年4月1日以前	報酬比例部分の年金 定額部分の年金					老齢厚生年金 老齢基礎年金
	男：昭和16年4月2日〜昭和18年4月1日 女：昭和21年4月2日〜昭和23年4月1日						
	男：昭和18年4月2日〜昭和20年4月1日 女：昭和23年4月2日〜昭和25年4月1日						
	男：昭和20年4月2日〜昭和22年4月1日 女：昭和25年4月2日〜昭和27年4月1日						
	男：昭和22年4月2日〜昭和24年4月1日 女：昭和27年4月2日〜昭和29年4月1日						
	男：昭和24年4月2日〜昭和28年4月1日 女：昭和29年4月2日〜昭和33年4月1日						
報酬比例部分引上げ ↑↓	男：昭和28年4月2日〜昭和30年4月1日 女：昭和33年4月2日〜昭和35年4月1日						
	男：昭和30年4月2日〜昭和32年4月1日 女：昭和35年4月2日〜昭和37年4月1日						
	男：昭和32年4月2日〜昭和34年4月1日 女：昭和37年4月2日〜昭和39年4月1日						
	男：昭和34年4月2日〜昭和36年4月1日 女：昭和39年4月2日〜昭和41年4月1日						
	男：昭和36年4月2日以降 女：昭和41年4月2日以降						

※第2（国家公務員）・3（地方公務員）・4（私学教職員）号厚生年金被保険者である女性は男性と同じ

第8章

▶ 雇用保険・労災保険の給付

47 基本手当	108
48 再就職手当金・就業促進定着手当・常用就職支度手当	110
49 高年齢雇用継続給付金・高年齢再就職給付金	112
50 育児休業給付金	114
51 介護休業給付金	116
52 教育訓練給付金	118
53 療養補償給付（療養給付）	120
54 休業補償給付（休業給付）・傷病補償年金（傷病年金）	122
図表9：基本手当受給の流れ	
図表10：賃金日額の計算方法	124
図表11：基本手当の受給期間	

47 基本手当

基本手当は、求職申込後の受給資格者が失業認定を受けた日に支給されます。

▶ 基本手当の支給要件

- **基本手当** …基本手当は、求職申込後の受給資格者が失業認定を受けた日に支給される
- **受給要件** …基本手当の受給要件は離職前の算定対象期間について次の①か②を満たすこと
  - ①一般の受給資格者
    離職日以前2年間の算定対象期間に被保険者期間が12か月以上ある
  - ②特定受給資格者（解雇倒産離職者）・特定理由離職者（正当理由の離職者）
    離職日以前1年間の算定対象期間に被保険者期間が6か月以上ある
- **算定対象期間** …算定対象期間に傷病、出産育児などにより30日以上賃金支払を受けない期間があれば、その期間を加算し算定対象期間を最大4年まで延長できる
- **被保険者期間** …被保険者期間とは、離職日から1か月ごとに遡った期間に賃金支払基礎日数が11日以上ある月を1か月とする。10日以下の月は算入しない
- **支払基礎日数** …月給者は暦日数、時間・日給者は労働日や有給休暇取得日の合計日数となる

▶ 基本手当の給付日数

- **基本手当給付日数** …給付日数は離職者の種別、算定対象期間と年齢により図の日数となる
- **基本手当日額** …基本手当日額は離職日の年齢と離職日以前6か月間の賃金総額の180分の1である賃金日額に応じて次の額となる（120頁図表10参照）
  - ①60歳未満の離職者＝賃金日額の50%(高い額)から80%(低い額)の額
  - ②60〜65歳未満の離職者＝賃金日額の45%(高い額)から80%(低い額)の額

▶ 失業の認定と受給期間

- **失業の認定** …基本手当は、受給資格者がハローワークで4週に1回の失業認定日に失業の認定を受けた日に支給される（120頁図表9参照）
- **必要な求職活動** …失業認定には認定対象期間に次のような求職活動が2回以上必要となる
  ①応募 ②ハローワーク職業相談紹介 ③セミナー受講 ④各種国家試験受験
- **受給期間** …基本手当は離職日の翌日以降の次の受給期間内に受給しなければならない
  - ①一般受給資格者＝1年間（120頁図表11参照）
  - ②45〜65歳未満の就職困難者＝1年間＋60日
  - ③20年以上加入の45〜65歳未満の特定受給資格者等＝1年間＋30日
- **受給期間延長** …受給期間は次の事情により職業に就けなければ最大4年間まで延長される
  - ①妊娠・出産・育児、傷病、親族介護等で30日以上職業に就けない場合
  - ②60歳以上の定年退職が求職申込みを希望しなければ最長1年間延長加算

雇用保険・労災保険の給付 ◀ 第8章

基本手当の給付日数

①一般の受給資格者（②、③以外の離職者）

区分 \ 被保険者であった期間	1年未満	1年以上 5年未満	5年以上 10年未満	10年以上 20年未満	20年以上
全年齢	ー	90日	90日	120日	150日

②就職困難者（身体精神障害者、刑余者、社会的事情で就職が困難な離職者）

区分 \ 被保険者であった期間	1年未満	1年以上 5年未満	5年以上 10年未満	10年以上 20年未満	20年以上
45歳未満	150日	300日			
45歳以上65歳未満	150日	360日			

③特定受給資格者（解雇や倒産の離職者）・特定理由離職者（正当な理由の自己都合離職者）

区分 \ 被保険者であった期間	1年未満	1年以上 5年未満	5年以上 10年未満	10年以上 20年未満	20年以上
30歳未満	90日	90日	120日	180日	ー
30歳以上35歳未満	90日	120日	180日	210日	240日
35歳以上45歳未満	90日	150日	180日	240日	270日
45歳以上60歳未満	90日	180日	240日	270日	330日
60歳以上65歳未満	90日	150日	180日	210日	240日

不正受給のワンポイント

失業認定申告書に次の虚偽事実を記載したり、あるいは事実を記載しないことは基本手当の不正受給となります。

・実際に行っていない求職活動を実績として偽る
・パートタイマー、アルバイト、派遣就業、試用期間、研修期間、日雇等の就労事実
・自営や請負により事業を始めている事実、内職や手伝いをした事実
・会社の役員に就任（名義だけの場合も含む）している事実

不正行為が行われた日以降の日については、基本手当等が一切支給されず、不正受給した基本手当等の相当額（不正受給金額）の返還が命ぜられます。さらに返還額とは別に直接不正行為により支給を受けた額の2倍相当額以下の金額の納付（「3倍返し」）が命ぜられます。そのため提出書類には事実をありのままに記入してください。

48 再就職手当金・就業促進定着手当・常用就職支度手当

基本手当の支給日数を1/3以上残して就職した受給資格者には、再就職手当が支給されます。

▶ 再就職手当金

再就職手当金…待期期間満了後に、基本手当の受給資格者が次のすべての要件を満たした場合は、基本手当の支給残日数に応じた再就職手当金が支給される
　①基本手当支給残日数が所定給付日数の1/3以上あること
　②1年以上雇用が確実な職業に就く又は自立できる事業を開始したこと
　③離職前の事業主やその関連事業主による再雇用でないこと
　④離職理由の給付制限があれば1か月間はハローワークの紹介で就職した
　⑤求職申込前に雇入れを約束されていないこと
　⑥就職の3年以内に再就職手当金・常用就職手当金を受給していないこと

再就職手当金額…再就職手当金は、基本手当の支給残日数に応じて次の額が支給される。ただし、基本手当日額には上限がある
　①支給残日数1/3以上の場合＝支給残日数×60％×基本手当日額
　②支給残日数2/3以上の場合＝支給残日数×70％×基本手当日額

▶ 就業促進定着手当

就業促進定着手当…再就職手当金を受けた人が引き続き再就職先に6か月以上雇用され、かつ再就職先で6か月間に支払われた賃金の1日分の額が離職前の賃金日額に比べて低下した場合は、就業促進定着手当が支給される

支給額…就業促進定着手当の支給額は次の額となる。ただし、上限額がある
　・（賃金日額－再就職先での6か月間の賃金額の1日分の額）×6か月間の賃金支払基礎日数（月給制は暦日数、日給・時給は労働日数）
　・上限額＝基本手当日額×基本手当支給残日数×40（※30）％
　　※再就職手当の給付率70％の場合に30％となる

▶ 常用就職支度手当

常用就職支度手当…常用就職支度手当は、基本手当の受給資格者（基本手当の支給残日数が所定給付日数の3分の1未満に限る）、高年齢受給資格者、特例受給資格者、日雇受給資格者のうち、障害者など就職困難者が安定した職業に就いた場合に、一定の要件に該当すると次の額が支給される
　支給額＝基本手当日額（上限有り）×36日（支給残日数が90日未満の場合は、支給残日数又は45日の多い日数×40％）

雇用保険・労災保険の給付 ◀第8章

手続の流れ

過去3年の受給	就職の3年以内に再就職手当金・常用就職支度手当金を受給していない	CHECK!! ✓
待期期間満了	●基本手当の受給資格者が待期期間を満了している ●基本手当の支給残日数が所定給付日数の1/3以上ある	CHECK!! ✓
就職事業所	・再就職先事業者が離職前の事業主（関連）でない ・求職申込前に雇入れが約束されていない	CHECK!! ✓
給付制限あり	離職理由による給付制限があれば待期期間満了後の1か月間はハローワークや一定の職業紹介事業者の紹介で就職した	CHECK!! ✓
支給申請手続き	就職日の翌日から1か月以内に次の書類をハローワークへ提出する ①受給資格者証　②再就職手当支給申請書　③その他必要書類	CHECK!! ✓
資格取得届	雇用した事業主は雇用保険被保険者資格取得届をハローワークへ提出する	CHECK!! ✓
就業促進定着手当	再就職手当金を受けた人が引続き再就職先に6か月以上雇用され、再就職先の賃金が離職前の賃金日額に比べ低下した場合は、就業促進定着手当が支給される	CHECK!! ✓

49 高年齢雇用継続給付金・高年齢再就職給付金

高年齢雇用継続給付金は、60歳以降の賃金額が60歳時に登録した賃金額に比べ75％未満に低下した場合に支給されます。

▶ 高年齢雇用継続給付金・高年齢再就職給付金

- **高年齢雇用継続給付金**…高年齢雇用継続給付金は、60歳以降の被保険者の賃金月額が60歳時に登録した賃金月額に比べ75％未満に低下した場合に65歳まで支給される
- **受給資格**…高年齢雇用継続給付金を受給できるのは、被保険者期間が5年以上あり基本手当を受給せず、雇用を継続する60歳以上65歳未満の被保険者となる
- **高年齢再就職給付金**…基本手当受給中の受給資格者が、支給残日数100日以上で60歳以降に再就職し受ける賃金額が75％未満に低下すると高年齢再就職給付金が支給される
- **給付金支給日数**…高年齢再就職給付金の支給期間は次の期間となる
  - ①就職日の翌日から2年間
  - ②基本手当の支給残日数が100日以上200日未満の場合は1年間

▶ 高年齢雇用継続給付金の支給額

- **給付金支給額**…高年齢雇用継続給付金・高年齢再就職給付金の支給額は、みなし賃金（60歳時登録賃金）と60歳以降の毎月の実際の賃金月額に応じて次の額となる
  - ①賃金月額がみなし賃金の61％以下＝賃金月額の15％
  - ②賃金月額がみなし賃金の61％超75％以下＝賃金月額の15％～0％
  - ③賃金月額がみなし賃金の75％以上又は限度額以上＝支給なし
- **みなし賃金**…次のいずれかの理由による被保険者や事業所の責任又は他の制度で保障される賃金減額は、その減額を支払われたものとみなして給付額を判断する
  - ・本人都合の欠勤・傷病・事業所休業・同盟罷業・妊娠出産・育児・介護

▶ 高年齢雇用継続給付金の申請手続

- **初回申請手続**…受給資格があれば60歳以降支給対象月の初日から4か月末以内までに次の書類をハローワークに提出する。被保険者期間が5年未満なら5年経過後に提出する
  - ①「高年齢雇用継続給付受給資格確認票・高年齢雇用継続給付支給申請書」
  - ②「雇用保険被保険者六十歳到達時賃金証明書」
  - ③過去2年の賃金台帳と出勤簿、住民票か免許証、預金通帳のコピー
- **2回目以降手続**…期限内に2か月分の支給申請書と対象期間の賃金台帳、出勤簿を提出する

雇用保険・労災保険の給付 ◀ 第8章

手続の流れ

受給資格の確認	60歳となった被保険者に被保険者期間が5年以上あるか確認する	CHECK!! ✓
必要書類を用意	受給資格確認票・支給申請書と60歳到達時賃金証明書に住民票か運転免許証及び預金通帳のコピーを添付して期限までにハローワークに提出する	CHECK!! ✓
支給申請手続	60歳～65歳まで2か月分を期限までに支給申請手続を行う	CHECK!! ✓
在職老齢年金	雇用継続給付を受給すると在職老齢年金額（44参照）が減額調整される	CHECK!! ✓

高年齢雇用継続給付金・高年齢再就職給付金の支給金早見表

60歳以降各月の賃金	60歳到達時等賃金月額（賃金日額×30日分）							
	469,500以上	45万	40万	35万	30万	25万	20万	15万
35万	0	0	0	0	0	0	0	0
34万	7,922	0	0	0	0	0	0	0
33万	14,454	4,917	0	0	0	0	0	0
32万	20,992	11,456	0	0	0	0	0	0
31万	27,528	17,980	0	0	0	0	0	0
30万	34,050	24,510	0	0	0	0	0	0
29万	40,600	31,059	6,525	0	0	0	0	0
28万	42,000	37,576	13,076	0	0	0	0	0
27万	40,500	40,500	19,602	0	0	0	0	0
26万	39,000	39,000	26,130	0	0	0	0	0
25万	37,500	37,500	32,675	8,175	0	0	0	0
24万	36,000	36,000	36,000	14,712	0	0	0	0
23万	34,500	34,500	34,500	21,252	0	0	0	0
22万	33,000	33,000	33,000	27,764	3,278	0	0	0
21万	31,500	31,500	31,500	31,500	9,807	0	0	0
20万	30,000	30,000	30,000	30,000	16,340	0	0	0
19万	28,500	28,500	28,500	28,500	22,876	0	0	0
18万	27,000	27,000	27,000	27,000	27,000	4,896	0	0
17万	25,500	25,500	25,500	25,500	25,500	11,441	0	0
16万	24,000	24,000	24,000	24,000	24,000	17,968	0	0

※端数処理で実際の支給額と異なる場合があります

50 育児休業給付金

雇用保険の被保険者が、1歳未満の子について育児休業した期間に賃金が支払われない場合は、育児休業給付金が支給されます。

▶ 育児休業給付金

- **育児休業給付金**…育児休業給付金は、雇用保険の一般被保険者と高年齢被保険者が、1歳未満の子（実子・養子）の育児休業期間中に男女を問わず支給される
- **給付金受給資格**…育児休業給付金の受給資格は、休業開始日前日から1か月ごとに遡った月に賃金支払基礎日数（47参照）が11日以上ある月が休業開始日前2年間（傷病などで30日以上賃金を受けない日があれば最大4年間）に12か月以上あること
- **有期契約労働者**…有期労働契約の被保険者は1年以上雇用され養育する子が1歳6か月になるまでその労働契約（更新後も含む）の満了が明らかでなければ支給対象となる

▶ 育児休業給付金の給付額

- **育児休業給付金**…育児休業給付金の支給は、養育する子の状況に応じて次の期間となる
  - ①1歳到達日の前日（誕生日の前々日）までの育児休業期間（母親は産後57日目以降）
  - ②夫婦が育休するパパママ育休では子が1歳2か月到達日の前日まで
  - ③1歳（1歳2か月）到達日に保育所入所不可又は子を養育する配偶者が死亡・傷病により養育できない場合は子が1歳6か月到達日の前日まで
  - ④1歳6か月到達日に保育所不可又は子を養育する配偶者が死亡・傷病により養育できない場合は子が2歳到達日の前日まで
- **給付金額**…育児休業給付金は、休業開始時賃金日額（過去6か月間の賃金総額÷180）の次の額を支給する
  - ①休業開始日から通算180日まで＝賃金日額×30日×67％（上限額あり）
  - ②休業開始日から通算181日以降＝賃金日額×30日×50％（上限額あり）
  - ③最後の支給単位期間＝賃金日額×支給日数×50％（上限額あり）

▶ 育児休業給付金の申請手続

- **初回申請手続**…育児休業開始日から4か月経過日のある月の末日まで次頁の図の申請書等を提出する
- **2回目以降の申請**…期限内に休業期間の賃金台帳・出勤簿のコピーを添付し支給申請する
- **パパママ育休**…世帯住民票・配偶者の育児休業取扱通知書のコピーを添付し支給申請する
- **育児休業延長**…1歳6か月、2歳まで育児休業を延長する際は、市町村交付の保育所入所保留通知書、世帯の住民票や配偶者の診断書を添付して支給申請する

雇用保険・労災保険の給付 ◀ 第8章

手続の流れ

受給資格確認	育児休業開始（出産した女性は産後58日目、その他の人は出産日）前の2年間に賃金支払基礎日数が11日以上ある月が12か月以上あるか確認する CHECK!! ✓
最初の手続	育児休業開始日から4か月経過日の月の末日まで次の書類を提出する ①「育児休業給付・受給資格確認票・初回育児休業給付金支給申請書」 ②「雇用保険被保険者育児休業開始時賃金月額証明書」 ③添付書類＝・過去2年分と休業期間分の賃金台帳・出勤簿のコピー 　　　　　　・母子健康手帳の子の出生を確認できるページのコピー 　　　　　　・預金通帳の口座番号記載ページのコピー CHECK!! ✓
賃金支給の場合	育児休業の支給単位期間中（休業開始日から1か月）に10日以下で出勤し賃金が支払われた場合の支給額は次の額となる ①賃金額が「賃金日額×支給日数×80％以上」＝支給されない ②賃金額と「賃金日額×支給日数×67(50)％」との合計額が①の額を超える場合は、その超えた額が減額される CHECK!! ✓
パパママ育休	配偶者が子の1歳前に育児休業した場合は育児休業期間が1歳2か月まで延長されるパパママ育休は次の書類を添付して支給申請する ①世帯の住民票　②配偶者の事業所が交付した育児休業取扱通知書等 CHECK!! ✓
1歳6か月への延長	1歳到達日に保育所入所不可又は子を養育する配偶者が死亡・傷病による1歳6か月までの延長は、子が1歳以後の最初の支給申請時に次の書類を添付して支給申請する ①市町村交付の保育所入所保留通知書　②世帯の住民票と配偶者の診断書 CHECK!! ✓
2歳への延長	1歳6月到達日に保育所入所不可又は子を養育する配偶者が死亡傷病による2歳までの延長は、子が1歳6か月以後の最初の支給申請時に次の書類を添付して支給申請する ①市町村交付の保育所入所保留通知書　②世帯の住民票と配偶者の診断書 CHECK!! ✓

51 介護休業給付金

介護休業給付金は、雇用保険の被保険者が家族の介護のため介護休業した期間に賃金が支払われない場合に支給されます。

▶ 介護休業給付金

介護休業給付金 …介護休業給付金は、雇用保険の一般被保険者と高年齢被保険者が、次の家族が常時2週間以上の介護が必要となったため介護休業した期間に支給される
　●父母、配偶者の父母、子、祖父母、兄弟姉妹、孫等（養父母、養子含む）

給付金受給資格 …介護休業給付金の受給資格は、休業開始日前日から1か月ごとに遡った月に賃金支払基礎日数が11日以上ある月が休業開始日前2年間(傷病などで30日以上賃金を受けない日があれば最大4年間)に12か月以上あること

有期契約労働者 …有期労働契約の被保険者は1年以上雇用され介護休業開始予定日から93日経過日以降6か月経過日までその労働契約（更新後も含む）の満了が明らかでなければ対象となる

▶ 介護休業給付金の給付額

給付金支給期間 …介護休業給付金は、1人の家族に3回までの介護休業に、介護休業開始日から1か月ごとに区切った単位期間ごとに通算93日までを限度に支給される

給付金額 …介護休業給付金は、休業開始時賃金日額(過去6か月間の賃金総額÷180)の次の額を支給
　①休業終了日以外の支給単位期間＝賃金日額×30日×67％(上限あり)
　②休業終了日のある支給単位期間＝賃金日額×対象日数×67％(上限あり)

▶ 介護休業給付金の申請手続

初回申請手続 …介護休業終了後（3か月以上なら3か月経過した日）の翌日から2か月経過日のある月の末日までに次頁の図の書類を提出する

まとめて申請 …介護休業給付金は、対象期間のすべてをまとめて1回で支給申請する

雇用保険・労災保険の給付 ◀ 第8章

手続の流れ

| 対象家族の確認 | 次の介護する家族の続柄と2週間以上介護を必要とするか確認する
①配偶者、父母、子、配偶者の父母、同居し扶養する祖父母、兄弟姉妹、孫（養父母、養子を含む）
②傷病や障害により常時2週間以上の介護を必要とする状態にあること |

| 受給資格確認 | 介護休業開始前の2年間に賃金支払基礎日数が11日以上ある月が12か月以上あるか確認する |

| 支給申請手続 | 介護休業終了日から2か月経過日の月末日まで次の書類をハローワークへ提出する
①「介護休業給付金支給申請書」
②「雇用保険被保険者育児休業開始時賃金月額証明書」
③添付書類＝・介護休業申出書（被保険者が事業主に提出したもの）
・過去2年分と休業期間分の賃金台帳・出勤簿のコピー
・住民票（介護対象者の氏名生年月日、本人との続柄等確認）
・扶養が要件の場合は健康保険証など扶養確認書類など
・預金通帳の口座番号記載ページのコピー |

| 賃金支給の場合 | 介護休業の支給単位期間中（休業開始日から1か月）に10日以下で出勤し賃金が支払われた場合は、次の額が支給される
①賃金額が休業開始時賃金月額の13％以下＝休業開始時賃金日額×支給日数×67％
②賃金額が休業開始時賃金月額の13％超～80％未満＝賃金額と「休業開始時賃金日額×支給日数×80％」との差額が支給される
③賃金額が「休業開始時賃金日額×支給日数×80％以上」＝支給されない |

| まとめて申請 | 介護休業給付金は、対象期間のすべてをまとめて1回で支給申請する |

52 教育訓練給付金

教育訓練給付金は、雇用保険の被保険者が指定された一般教育訓練または専門実践教育訓練を受講した場合に支給されます。

▶ 一般教育訓練給付金

- **一般教育訓練** …前回の受講から3年以上経過した次のいずれかの3年(初めての受講者は1年)以上の被保険期間＝支給要件期間のある被保険者を支給対象とする
  - ①受講開始までに支給要件期間のある一般被保険者・高年齢被保険者
  - ②資格喪失後1年以内に受講した一般被保険者・高年齢被保険者だった人
  - ③資格喪失後に妊娠・出産・育児・傷病により適用を延長した場合は4年以内に教育訓練を受講開始した一般被保険者・高年齢被保険者だった人
- **対象教育訓練** …支給対象となる教育訓練はハローワークや厚生労働省のHPで確認する
- **支給額** …教育訓練費用の20％が支給される。検定料、教材費などは対象外となる
- **支給申請** …受講終了の翌日から1か月以内に「教育訓練給付金支給申請書」と必要な添付書類を住所地管轄のハローワークへ提出する

▶ 専門実践教育訓練給付金

- **専門実践教育** …受講前に10年（初めての受講者は2年）以上の支給要件期間のある次の被保険者を支給対象とする。既に受給した人は受講前の期間は通算しない
  - ①支給要件期間のある一般被保険者・高年齢被保険者
  - ②資格喪失後に妊娠・出産・育児・傷病により適用を延長した場合は4年以内に教育訓練を開始した一般被保険者・高年齢被保険者
- **対象講座** …次のような講座や教育訓練が支給対象となる（厚生労働省のHPで確認）
  - ①業務・名称独占資格＝看護師、介護福祉士、保育士、建築士など
  - ②専門学校＝工業、医療、商業実務等職業実践専門課程
  - ③専門職大学院＝高度専門職業人の養成課程
  - ④職業実践力育成プログラム
  - ⑤一定レベル以上の情報通信技術資格取得目標の課程
- **支給額** …訓練経費＝教育訓練費の50％(年間上限40万円)最大訓練期間は3年
  追加支給＝受講後資格取得し一般被保険者として雇用された場合は追加で訓練経費の20％が支給。（合計年間上限56万円）

雇用保険・労災保険の給付 ◀第8章

手続の流れ

● 一般教育訓練給付金

| 一般教育訓練の申請書類 | 受講終了後1か月以内に次の書類を住所地管轄のハローワークへ提出する
①教育訓練給付金支給申請書　②教育訓練修了証明書　③領収書
④キャリアコンサルティング費用を申請する場合は、その費用に係る領収書、その記録、その実施証明書
⑤本人・住所確認書類及び個人番号（マイナンバー）確認書類
⑥雇用保険被保険者証　⑦教育訓練給付適用対象期間延長通知書（適用対象期間の延長をしていた場合に必要）　⑧返還金明細書（領収書、クレジット契約証明書発行後に教育訓練経費の一部が教育訓練施設から本人に還付された場合に必要。以下同じ）
⑨払渡希望金融機関の通帳またはキャッシュカード（払渡希望金融機関の確認印でも可。金融機関指定済の人は不要。以下同じ）
⑩教育訓練経費等確認書　⑪その他の必要書類 |

● 専門実践教育訓練給付金

| 専門実践教育訓練給付金の申請書類 | 訓練対応キャリアコンサルタントによる訓練前キャリアコンサルティングにおいて就業の目標、職業能力の開発・向上に関する事項を記載したジョブ・カードの交付を受けた後に下記の書類を受講1か月前までにハローワークへ提出する
①教育訓練給付金及び教育訓練支援給付金受給資格確認票
②上記のジョブ・カード又は「専門実践教育訓練の受講に関する事業主の証明書」
③本人・住居所確認書類及び個人番号（マイナンバー）確認書類
④雇用保険被保険者証　⑤教育訓練給付適用対象期間延長通知書
⑥写真2枚（最近の写真、正面上半身、縦3.0cm×横2.5cm）
⑦払渡希望金融機関の通帳またはキャッシュカード　⑧その他の書類 |

| 支給申請手続 | 専門実践教育訓練の教育訓練給付金は、教育訓練を受講した本人が受講中及び受講修了後、期限内に原則本人の住居所管轄のハローワークに下記の書類を提出して支給申請する
①教育訓練給付金の受給資格者証　②教育訓練給付金支給申請書
③受講証明書又は専門実践教育訓練修了証明書　④領収書
⑤返還金明細書　⑥資格取得等したことにより支給申請する場合は、資格取得等を証明する書類　⑦その他の必要書類 |

53 療養補償給付（療養給付）

労災保険は、労働者の業務災害及び通勤災害による傷病に対して保険給付します。

▶ 業務上災害と通勤途上災害

業務災害 …労災保険の給付対象となる業務災害とは、労働者が事業主の支配下にあるときの出来事により傷病を生じた業務起因性のある災害をいう

通勤災害 …通勤災害とは、次の合理的な経路及び方法による移動中の災害をいう
①就業の本拠地である住居と業務を開始終了する就業の場所との間の往復
②複数事業所勤務の労働者が労働終了後に他事業所での労働のため移動中
③単身赴任者が就業の場所と赴任先・帰省先住居（各々）などの間の移動中

通勤の逸脱 …通勤と無関係の目的のため合理的な経路をそれることを逸脱といい、その時点で通勤途上は終了しそれ以後の傷病は労災保険給付の対象とならない

通勤の中断 …通勤途上で通勤と無関係な行為を行うことを中断といい、日常生活に必要な最小限度の行為の終了後に経路上に戻ればその時から再び通勤途上に戻る

▶ 業務災害の療養補償給付

療養補償給付 …業務災害の傷病には、医療や薬剤など療養補償給付が現物給付される

給付請求手続 …療養補償給付を受けるには「療養給付たる療養の給付請求書（様式5号）」に災害発生状況などを記入し押印後に受診した労災指定医療機関に提出する

転院の手続 …治療や通院の都合で医療機関を変更するには変更届を同様に提出する

▶ 通勤災害の療養給付

療養給付 …通勤災害の傷病には、医療や薬剤など療養給付が現物給付される

給付請求手続 …療養給付を受けるには「療養給付たる療養の給付請求書（様式16号3）」に災害発生状況などを記入し押印後に受診した労災指定医療機関に提出する

転院の手続 …治療や通院の都合で医療機関を変更するには変更届を同様に提出する

▶ 療養費用の請求

療養費用 …次の場合は療養費用の現金を労基署へ請求する。又は委任払で療養を受ける
①労災指定でない医療機関で現金を支払い受診した。通院費用を支払った
②医師の承諾のもとに現金を支払い、ギプスなど装具等を購入し装着した
③柔道整復師又は医師の指示で委任払のあんま・きゅう・はり治療を受けた

療養費請求手続 …療養費用の請求には、「療養補償給付たる療養費用請求書（様式7号）に災害発生状況などを記入押印し、領収書を添付して労基署に提出する
委任払では裏面の委任状欄に住所氏名を記入押印し施術先に提出する

雇用保険・労災保険の給付 ◀ 第8章

手続の流れ

● 業務災害

災害発生時
業務・通勤災害発生時には直ちに医療機関で受診し労災保険処理を伝える

給付請求手続
次の請求書に労働保険番号、災害発生状況、氏名住所等を記入押印後に医療機関へ提出する。医療費を支払ったらその領収書を添付する
・業務災害用＝「療養補償給付たる療養の給付請求書（様式5号）」
・通勤災害用＝「療養給付たる療養の給付請求書（様式16号3）」

転院の手続
医療機関の変更には次の届書を変更後の医療機関に提出する
業務災害用＝「療養補償給付たる療養の給付を受ける指定病院等（変更）届（様式6号）」、通勤災害用＝様式16号4

療養費用の請求
療養費の現金を労基署へ請求する又は委任払には次の請求書を使用する
委任払では施術者に受領委任すると現金を支払わず療養の現物を受けられる
①現金で支払った療養費・通院費＝7号(1)・通勤災害は16号の5(1)
②薬局での薬費用請求＝7号(2)・通勤災害は16号の5(2)
③柔道整復師の費用請求＝7号(3)・通勤災害は16号の5(3)　┐
④あんま・はり・きゅう＝7号(4)・通勤災害は16号の5(4)　┤委任払
⑤訪問看護費用＝7号(5)・通勤災害は16号の5(5)

被災状況記載
次の状況をまとめて災害発生状況を記入する
どこ（　　　）で何（　　　）の作業中に
（　　　）を（　　　）していた時に
（　　　）が（　　　）したため（　　　）部分を負傷しました

54 休業補償給付（休業給付）・傷病補償年金（傷病年金）

休業補償給付は、休業1日当たり給付基礎日額の8割の額が支給されます。

▶ 休業補償給付（休業給付）

- **休業補償給付**…休業補償給付は、被災者が次の要件をすべて満たす場合に支給される
  - ①業務上による傷病の療養のため労働ができず賃金を受けられない
  - ②連続・断続を問わず休業が3日間となる待期期間を経過している
- **給付期間と給付額**…休業補償給付は、休業4日目から休業1日当たり次の額が支給される
  - 給付基礎日額の休業補償給付6割＋特別支給金2割＝8割の額
- **給付基礎日額**…被災日直前の賃金締切日以前3か月間に受けた賃金の平均賃金日額をいう

▶ 休業補償給付の請求手続

- **休業補償請求書**…休業補償給付を請求するには次の請求書を労基署かダウンロードで入手する
  - 業務災害用＝「休業補償給付支給請求書（様式8号）」
  - 通勤災害用＝「休業給付支給請求書（様式16号の6）」
- **医療機関の証明**…請求書に医療機関から休業期間の証明を受けた後に必要事項を記入する
- **初回労基署提出**…給付基礎日額計算期間と休業期間の賃金台帳及び出勤簿を添付して労基署へ提出する
- **長期の休業**…休業期間が長期の場合は、賃金計算期間に合わせ1か月分づつ請求する
- **死傷病報告書**…休業期間が4日以上の場合は「労働者死傷病報告書（様式23号）」に被災状況を記入して労基署へ提出する。提出しないと労災事故隠しとなり処罰される
- **第三者行為災害**…交通事故など加害者の行為で傷病を受けた場合は「第三者行為災害届」に相手の情報や被災状況を記入し押印のうえで労基署へ提出する

▶ 傷病補償年金（傷病年金）

- **傷病補償年金**…療養補償給付を受給して1年6か月経過時に傷病が治らずかつその程度が次の等級に該当する場合は休業補償給付に代えて傷病補償年金が支給される
  - 1級＝給付基礎日額313日分＋傷病特別支給金114万円
  - 2級＝給付基礎日額277日分＋傷病特別支給金107万円
  - 3級＝給付基礎日額245日分＋傷病特別支給金100万円
- **受給手続**…療養開始から1年6か月経過後に労基署より求められた「傷病の状態に関する届（様式16号の2）」を医師の証明を受けて労基署へ提出する

雇用保険・労災保険の給付 ◀第8章

手続の流れ

休業期間確認	休業見込期間が4日以上なら死傷病報告書を記入し労基署へ提出する 初回の請求書に届出年月日を記入のためコピーを添付し受理印を受ける	CHECK!! ☑
請求書入手	次の支給請求書を労基署又は厚生労働省HPよりダウンロードし入手する ・業務災害用＝「休業補償給付支給請求書（様式8号）」 ・通勤災害用＝「休業給付支給請求書（様式16号の6）」	CHECK!! ☑
休業期間証明	休業期間が長くなければ全休業期間を1回で請求するか賃金計算期間に合わせ1か月分ごとに請求手続を行うかを確認する	CHECK!! ☑
医師の証明	休業補償給付の請求期間に合わせて請求書に医師の証明を受ける	CHECK!! ☑
平均賃金計算	災害発生日直前の賃金締切日以前3か月間の賃金台帳と出勤簿を用意し、支給請求書で給付基礎日額を計算する。過去2年間の賞与額も記入する	CHECK!! ☑
請求書提出	被災者氏名・住所・生年月日・振込口座、災害発生状況、死傷病報告書の届出年月日などを記入し押印後に添付種類と共に提出する	CHECK!! ☑
傷病補償年金	療養1年6か月経過時に傷病が治ゆせず、労基署より送付された「傷病の状態に関する届（様式16号の2）」に医師の証明を受けて労基署へ提出する	CHECK!! ☑
傷病等級該当	障害の程度が傷病等級に該当する場合は休業補償年金に代えて傷病補償年金が支給される。該当しない場合は休業補償給付が支給される	CHECK!! ☑

労災保険給付のワンポイント

労災保険の保険給付には本書の解説項目以外に次の制度があります。該当する場合は労基署に必ず手続してください。

・障害補償給付＝傷病治ゆ後に生じた障害の等級に応じて年金又は一時金を支給
・遺族補償給付＝死亡した労働者の遺族に応じて年金又は一時金を支給
・介護補償給給付＝障害・傷病補償年金の一定の受給者に介護が必要な時に支給
・葬祭料＝死亡した労働者の葬祭を行う人に支給
・二次健康診断給付＝健診の異常所見者の予防のために二次健診等を実施

● 図表9：基本手当受給の流れ

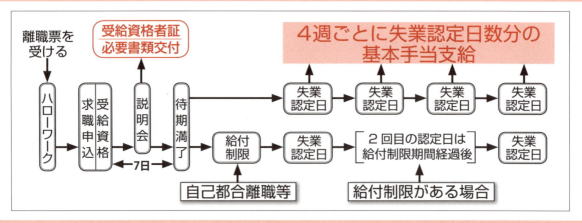

● 図表10：賃金日額の計算方法

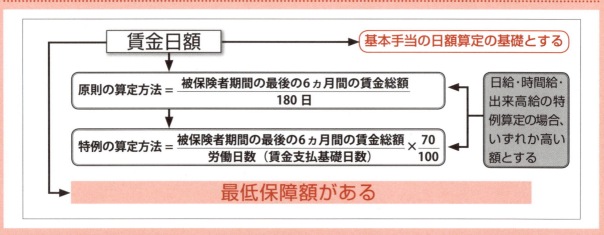

● 図表11：基本手当の受給期間

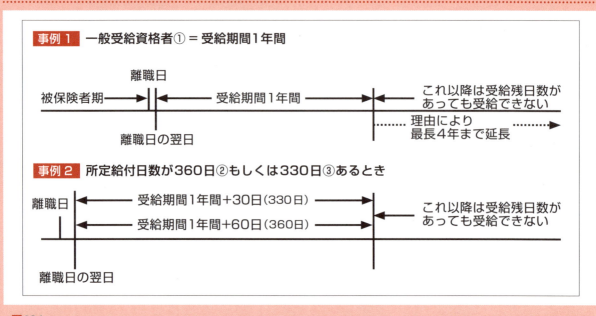

■ 著者紹介

五十嵐 芳樹（いがらし・よしき）

1959年、山形県生まれ。特定社会保険労務士、年金コンサルタント、神奈川県社会保険労務士会年金相談員。

1988年、五十嵐社会保険労務士事務所を開設。多数の顧問先中小企業・医療機関・社会福祉法人・金融機関・団体などの社会労働保険と労務管理及び人事・賃金コンサルティングを行うかたわら、全国社会福祉協議会の刊行書や月刊誌等への執筆、全国金融機関等で講演及び年金相談を行っている。

[主な著作]

『1週間でわかる会社の保険・労務』『年金が超かんたんにわかる本』（厚有出版）、『図説・労働基準法 労働安全衛生法 労働保険法』（中小企業労働福祉協会）、『新年金実務講座・確定拠出年金』（商工会議所年金教育センター）（共著）、『オール図解でスッキリわかる介護保険の実務ガイドブック』『取り戻そう！あなたの年金Q&A』『オール図解でスッキリわかる社会保険・労働保険の事務手続』（清文社）など多数。

フローチャートでよくわかる！
社会保険・労働保険 事務手続の基礎の基礎

2018年2月9日　発行

著　者	五十嵐 芳樹 ©
発行者	小泉 定裕
発行所	株式会社 清文社

東京都千代田区内神田1-6-6（MIFビル）
〒101-0047　電話 03(6273)7946　FAX 03(3518)0299
大阪市北区天神橋2丁目北2-6（大和南森町ビル）
〒530-0041　電話 06(6135)4050　FAX 06(6135)4059
URL http://www.skattsei.co.jp/

印刷：株式会社メディア・ミル

■著作権法により無断複写複製は禁止されています。落丁本・乱丁本はお取り替えします。
■本書の内容に関するお問い合わせは編集部までFAX（03-3518-8864）でお願いします。
■本書の追録情報等は、当社のホームページ（http://www.skattsei.co.jp/）をご覧ください。

ISBN978-4-433-65807-6